外国知识产权法律译丛

德国著作权法

（德国著作权与邻接权法）

范长军◎译

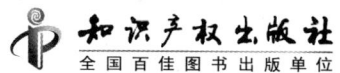
知识产权出版社
全国百佳图书出版单位

内容提要

　　本书为德国著作权法最新版的中文译本。

读者范围：知识产权领域从业人员，高校法学院师生。

责任编辑：卢海鹰　　　　　**责任校对：**韩秀天
版式设计：卢海鹰　　　　　**责任出版：**卢运霞
特邀编辑：廖敏艳

图书在版编目（CIP）数据

德国著作权法 / 范长军译．—北京：知识产权出版社，2012.2
（外国知识产权法律译丛）
ISBN 978-7-5130-1001-6

Ⅰ．①德…　Ⅱ．①范…　Ⅲ．①著作权法-德国　Ⅳ．①D951.63

中国版本图书馆 CIP 数据核字（2011）第 254533 号

外国知识产权法律译丛
德国著作权法
（德国著作权与邻接权法）
DEGUO ZHUZUOQUANFA
范长军　译

出版发行：知识产权出版社

社　　址：北京市海淀区马甸南村 1 号	邮　　编：100088
网　　址：http：//www.ipph.cn	邮　　箱：bjb@cnipr.com
发行电话：010-82000860 转 8101/8102	传　　真：010-82005070/82000893
责编电话：010-82000860 转 8122	经　　销：各大网络书店、新华书店
印　　刷：知识产权出版社电子制印中心	及相关销售网点
开　　本：880mm×1230mm　1/32	印　　张：6.5
版　　次：2013 年 1 月第 1 版	印　　次：2013 年 1 月第 1 次印刷
字　　数：123 千字	定　　价：24.00 元

ISBN 978-7-5130-1001-6/D·1377（3873）

出版说明

知识产权出版社自成立以来一直秉承"为知识产权事业服务、为读者和作者服务、促进社会发展和科技进步"的办社宗旨，竭诚为知识产权领域的行政管理者、高校相关专业师生、法律实务工作者以及社会大众提供最优质的出版服务。

为满足国内学术界、法律实务界对相关国家知识产权法律的了解、学习及研究需求，知识产权出版社组织国内外相关法学知名学者翻译出版了这套"外国知识产权法律译丛"，涉及的外国法律主要包括美国、法国、德国、日本等国家的最新专利法、商标法、著作权法。陆续出版的相关法律（中文译本）包括：《外国专利法选译》《日本商标法》《日本著作权法》《法国知识产权法典》《美国专利法》《美国商标法》《美国著作权法》《德国著作权法》《德国商标法》等，其他具有代表性的国家或洲际的知识产权法律中文译本也将适时分别推出。

真诚期待各位读者对我们出版的本套丛书提出宝贵意见。

知识产权出版社

译者简介

　　范长军　　男，1975 年出生，湖南隆回人。华中科技大学法学院讲师。2006 年 10 月至今，受德国汉斯·赛德尔基金会（Hanns-Seidel Stiftung）资助，在德国拜罗伊特（Bayreuth）大学攻读法学博士学位。主要研究方向为知识产权法、宪法及法哲学。

德国著作权法导读[1]

安斯加尔·奥利[2]

一、基础理论

德国 1965 年著作权法保护作者与作品的智力与人格联系及对作品的使用，同时保障因利用作品而产生的适当报酬（第 11 条）。该法借此确立了"一元论"的准则：著作财产权与著作人格权不可分离地构成一项统一权利。欧根·乌尔默（Eugen Ulmer，1903～1988），德国著作权法研究最伟大的学者之一，以"树"类比著作权：它具有财产利益与人格利益的"树根"，作为统一权利的著作权"树干"，以及主要从财产利益或人格利益"树根"吸收养分的各项具体权限之"树枝"（如发表权、复制权、发行权及展览权等——译者注）。"一元论"具体体现为：在德国法中，著作权不可转让（第 29 条）；并趋向于尽可能地将其保留于作者（第 31 条）；使用权的转让与授予分许可必须经作者同意（第 35 条）；在未行使或观念改变时作者可以召回使用权（第 41 条、第 42 条）。

---

[1] 德文标题：Einführung zum deutschen Urheberrechtsgesetz。

[2] ［德］安斯加尔·奥利（Ansgar Ohly）：法学博士，LL．M（剑桥），德国慕尼黑大学法学院民法、知识产权与竞争法教授。

　　德国著作权保护的历史要追溯到文艺复兴时期的哲学。直到 17 世纪，在德国还不存在著作权，仅有封建特权，即由封建君主钦赐给印刷商或作者的印刷或出版作品的垄断权利。对于这种特权，其他人无权主动请求。此外，它也局限于单个的封建领地。在 1871 年统一德意志帝国建立之前德国的地区分裂，增加了对这种权利进行保护的困难。由于作者及出版商在德国的一些区域遭受其他人的重印自由，在 17 及 18 世纪展开了关于重印的合法性的大讨论。不仅法学家，而且哲学家如康德（Kant）及费舍特（Fichte）也参与了讨论。德国的第一部著作权法是 1837 年的《普鲁士邦国著作权法》。该法后来为其他邦国的立法所效仿。现代著作权立法起始于 1870 年的《南德意志同盟著作权法》，随之而来的是《美术作品著作权法》（1876 年、1907 年）及《文学与音乐作品著作权法》（1901 年）。现行法是 1965 年生效的著作权法。

　　自此之后，德国著作权法越来越多地受到国际法及欧盟法的影响。著作权领域的国际立法肇始于 1886 年签署的《伯尔尼公约》。该公约确立了国民待遇原则与最低限度保护原则。因为《伯尔尼公约》仅保护作者，1961 年通过《保护表演者、录音制作者和广播组织罗马公约》对其予以补充。此外，德国还属于 1994 年的 TRIPS、1996 年的《世界知识产权组织版权条约》（WCT）与《世界知识产权组织表演和录音条约》（WPPT）的成员。著作权的地域性与欧盟的建立能保障商品与服务自由的内部统一市场目标之间存在紧张关系。虽然《欧盟运行条约》第 34 条保障商品流通自由，但其可被成员国出于保护知识产权目的而予以限制（《欧盟运行条约》第 36 条）。例如，只要在欧洲还存在不同的著作权保护期限，对于在提供 50 年保护期的国家已经进入公有领域的录音制品，在提供 70 年保护期的国家并不能自由销售。然而，著作权法在欧洲范围内的协调由于存在欧洲大陆的"作者权体系"与英国的"版权体系"的区别而显得特别艰难。因而在欧盟范围内著作权法还一如既往地尚未完全统一。但是，无论如何，自 1991 年以来已经通过以下九个指令来大规模地协调成员国的著作权法：《计算机程序著作权保护（欧洲共同体）2009/24 号指令》（1991 年文本为最初文本）；《出租与出借权（欧洲共同体）2006/115 号指令》（1992 年文本为最初文本）；《卫星广播与有线继续播送（欧洲经济共同体）93/83 号指令》；《协调著作权保护期限（欧洲联盟）2011/77 号指令》（1993 年文本为最初文本）；《数据库法律保护（欧洲共同体）96/9 号指令》；《信息时代的著作权（欧洲共同体）2001/29 号指令》；《后续权（欧洲共同体）2001/84 号指令》（2001 年）；《为实现知识产权法律（欧洲共同体）2004/48 号指令》；《使用孤儿作品（欧洲联盟）2012/28 号指令》（2012 年）。在此对其中的两个指令略作赘述。《信息时代的著作权（欧洲共同体）2001/29 号指令》是实践中最重要的指令。它本来是为在欧盟法中转化世界知识产权组织的上述两个公约而颁布，但又不只是仅对数字化环境下的著作权作出了规定，而是协调了所有作品类型的最重要的财产权：复制权、发行权及公开再现权。

尽管对于作品的概念尚未予以协调统一，但欧洲法院在自"Infopaq/DDF"判决（Rs. 5/08，Slg. 2009，I-6569）开始的新近系列判决中，逐步地在发展欧洲层面的作品概念。2004年的《为实现知识产权法律（欧洲共同体）2004/48号指令》涉及的不仅仅只是著作权，而是规定了侵害所有类型知识产权时的法律责任。

二、作品

德国著作权法保护文学、科学与艺术作品（第1条）。第2条第1款规定了七种作品类型：包含计算机程序在内的语言作品；音乐作品；包含舞蹈艺术作品在内的哑剧作品；包含建筑艺术与实用艺术作品在内的美术作品；摄影作品；电影作品及科学性质的图示描述。该清单并不是封闭的，新的作品类型如多媒体作品也可以受到保护。

决定性的前提条件是，存在个人的智力创作（第2条第2款），即通过一定的表达形式（根据德国法，该形式不需要长久地固定）能让他人感知智力内容且具有独创性的人类创作。但是，对于大部分作品类型，保护的门槛并不是特别高。德国著作权法也保护只具有一点点创作高度的作品，即所谓著作权保护中的"小硬币"。不仅长篇小说与诗歌，而且使用说明书、较长一点的广告书或合同表格也可以作为语言作品受到保护。音乐作品的保护除了交响曲之外，还包括简单的商业性质的流行歌曲。只是对于实用艺术作品，司法实践要求明显地超出普通的创作高度。其原因是，根据德国外观设计法，登记注册的外观设计的保护期限是 25 年，未登记注册的外观设计的保护期限是 3 年。如果对于简单的实用艺术作品也提供著作权保护，则会导致外观设计法中的较短的保护期限之规定落空。目前尚未明确的是，对于实用艺术作品的特别要求，是否与欧盟法相一致。如上所述，欧洲法院通过判例发展出了欧洲层面的作品概念。根据该概念，作品是指作者的体现其人格的个人智力创作。该概念与德国法中的概念在很大程度上是一致的，但欧洲法院目前尚未确定，对于特定的作品类型是否可以提出更高的要求。

演绎作品与汇编作品是作品的特别形式。演绎作品的范例是具有双重性质的翻译作品。这种翻译性质的演绎如果属于个人智力创作，则其自身也享有著作权保护（第 3 条）。但是，未经原作者同意不得利用该种演绎，因为原作者享有演绎权（第 23 条）。汇编作品是对作品、数据或其他独立成分的汇编，其基于对各成分的选择或编排而成为个人的智力创作（第 4 条）。汇编作品享有著作权保护，而不管被汇编的各单独成分是否具有著作权。属于个人智力创作的数据库，构成汇编作品（第 4 条第 2 款），例如根据艺术标准所选编的诗歌集，但电话号码簿不构成汇编作品。法律、法院判决及其他特定的官方作品被排除在著作权保护之外（第 5 条）。

三、作者

作者是作品的创作者（第 7 条）。德国法严格贯彻"创作者原则"，因而作者只能是创作作品的自然人。作品系雇员创作的，权利的原始所有人是雇员，而不是雇主。但是，雇员有义务授予雇主以必要的使用权（第43条）。电影制作者在自己未参与电影的创作时，也不是作者。他必须通过合同获得导演、摄影师及其他作者的授权，但在此适用有利于他的法定推定规则（第88条以下）。

四、著作权的内容

著作权包括人格权、利用权与报酬请求权。虽然利用权是实践中最为重要的权利，但德国著作权法将著作人格权置于首位（第12～14条），其后才是利用权之规定（第15条以下）。最重要的著作人格权是发表权（第12条）、署名权（第13条）与保护作品完整权（第14条）。在保护作品完整权中存在作者与所有人之间的利益紧张关系。这特别体现于建筑作品，例如建筑师的继承人基于保护作品完整权而反对斯图加特火车站的改建（BGH GRUR 2012，172 - *Stuttgart 21*）。因而第14条规定的歪曲或损害作品并不足以构成对保护作品完整权的侵害，还需要在各主体之间进行利益平衡。

德国著作权法将各种利用权全面地分配给了作者（第15条第1款与第2款）。作者也能控制未为著作权法所明确举出的利用形式。德国法区分以有体的形式利用（第15条第1款，第16～18条）与以无体的形式利用（第15条第2款，第19～22条），后者也称为"公开再现"。第69c条还对于计算机程序的利用形式进行了特别规定。完全归作者独占享有的以有体的形式利用包括复制（第 16 条）、发行（第 17 条）及对未发表作品的展览（第 18 条）。利用权里唯一适用权利穷竭原则的是发行权（第 17 条第 2 款）。前不久，欧洲法院对于在线销售计算机软件是否存在权利穷竭这一有争议的问题作出了回答。欧洲法院肯定了该问题，但要求的前提是，销售者销毁了软件的复制件（Rs. C-128/11）。公开再现的形式有朗诵、演出与放映（第 19 条）、网络传播（第 19a 条）及广播（第 20 条）。

对于所有的利用形式，适用"著作权只保护表达形式，而不保护思想内容"之规则。例如，对于科学理论公众可以自由利用，但科学论文的具体表达形式受著作权保护（BGH GRUR 1981，352 – *Staatsexamensarbeit*）。在机场设一建筑物这一方案本身不受保护，受保护的是具体的建筑图（（BGH GRUR 1979，464 – *Flughafenpläne*）。大型文学作品的内容要素也可以成为受保护的表达形式。因而德国联邦最高法院认为续写鲍利斯·帕斯捷尔纳克（Boris Pasternak）的小说《日瓦戈医生》（Doktor Schiwago）侵害了著作权，因为续写的小说采用了原小说的人物角色与这些角色的行为细节（BGH GRUR 1999，984 – *Laras Tochter*）。以摘要的形式选编报纸文章，只要选编的只是内容而没有采用原文的具体表述，则为著作权法所允许（BGH GRUR 2011，134 – *Perlentaucher*）。

五、著作权的限制

著作权限制制度是在作者利益与使用者、公众利益之间进行平衡的产物。因为《信息时代的著作权指令》

规定了一系列的权利限制并将国内立法者约束于国际公约中的"三步测试法"，因而德国立法者在构建权利限制制度时并没有多少自由空间。不同于美国法，欧洲法中不存在总的"合理使用"限制，而只有一个封闭的包含总计 30 个限制规则的"清单"。一些限制规则准许使用时既不需要征得作者同意，也不需要支付报酬；其他限制规则准许自由使用，但需要支付报酬，这些报酬通常是提交给集体管理组织。

既不需要征得作者同意，也不需要支付报酬的权利限制形式中最重要的是引用权（第 51 条）。依据该项权利，为了论证或评论目的，可以复制、发行及公开再现作品或作品的片段，但需要注明来源。基于艺术自由原则（《基本法》第 5 条第 3 款），法院在判断艺术与文学中的引用时特别宽容。例如，德国联邦宪法法院判定，剧作家海纳·穆勒（Heiner Müller）可以在自己的一个剧本中使用贝尔托·布莱希特（Bertolt Brecht）的数个剧本中的数个片段（BVerfG GRUR 2001，149 – Germania 3）。不需要征得作者同意但需要支付报酬的权利限制形式中最重要的是为私人及其他的自己使用目的的自由复制（第 53 条）。依据该种限制，为私人使用目的进行的数字化复制，也是合法的，但制造者有义务为用于复制的装置或存储媒介向作者支付报酬。长久以来，德国法自行决定报酬的范围与额度，但现在需要注意欧洲法院在"Padawan"判决（Rs. C-467/08，Slg. 2010，I-10055）中所提出的要求。

由于《协调著作权保护期限（欧洲联盟）2011/77

号指令》的存在，著作权的保护期限统一为作者死后 70
年。适用这种长的保护期限的结果是，越来越多作品的
作者的身份不明或不能与其再取得联系。所谓的"孤儿
作品"在大型数字化工程如"谷歌图书"或
"Europeana"中遇到了更大的困难。因而前不久欧盟颁
发了《使用孤儿作品（欧洲联盟）2012/28 号指令》，授
权公共图书馆使用孤儿作品。

六、著作权合同法

根据德国法，著作权虽然可以继承（第 28 条），但
不能转让（第 29 条第 1 款）。作者只能授予排他或普通
使用权（第 31 条）。著作权法趋向于尽可能地将权利保
留于作者。因而在合同中未明确约定所授予的具体权利
时，只能推定在合同目的所要求的范围内授予了使用权
（第 31 条第 5 款：转让目标规则）。在过去，将未知的使
用方式授予他人的合同是无效合同。自 2008 年起，这种
合同虽然为有效合同，但需要作成书面形式（第 31a
条），而在其他情况下授予使用权不需要形式要件。使用
权的转让与授予分许可必须经作者同意（第 34 条、第
35 条）。

德国法中并不存在关于著作权合同具体类型的特别
规定。只是对于出版合同以专门立法即 1909 年的《出版
法》予以规范。在 2002 年的富有政治争议与对立的著作
权法改革中，作者的地位相对于使用者得到了显著的加
强。自此以后，作者享有支付合理报酬的请求权（第 32
条）。合同中所约定的报酬不合理时，作者可以请求更改

合同。在签订合同之后作品的销售情况出人意料的良好时，作者可以请求参与分享收益（第32a条）。对于什么是"合理"，实践中很难确定。德国著作权法为作者团体与作品使用者团体提供了共同协商制订报酬规则的机会（第36条）。达成了共同报酬规则的，则该规则所确定的报酬视为合理报酬。

七、著作邻接权

不同于英美法，德国法在著作权与著作邻接权之间进行区分。与著作权的所有人仅能是作者不同，著作权保护表演者、作品传播者如录音载体制作者及广播组织，或低于著作权保护门槛的无形财产（如数据库）。

通过《世界知识产权组织表演和录音条约》的转化，表演者的地位在德国著作权法中得到了加强（第73条以下）。在很大程度上其如同作者一样受到保护，但保护期限比较短。原来为在录像或录音载体出版之后50年，但因为欧盟《协调著作权保护期限（欧洲联盟）2011/77号指令》的修改，未来将延长至70年。表演者虽然享有公开再现权，但在第二次利用录像或录音载体如广播电台播送音乐作品时，其只享有公开再现权。欧洲法的一个特殊之处在于特别规定了数据库制作者的保护权利（第87a条以下）。具有独造性的数据库可以作为汇编作品受到著作权保护，不具有独创性的需要大量资金投入的数据库也可受到著作邻接权保护，以禁止模仿其主要部分或系统地模仿其非主要部分。这种权利的合理性受到广泛怀疑，且在立法中也没有确切地界定权利的客体与范围。司法实践一再对该特别权利予以限缩解释。根据欧洲法院的判决，在判断是否为"重大"投资时不考虑制作单个数据成分的成本（Rs. C-203/02，Slg. 2004，I-10415 - *BHB/William Hill*）。德国联邦最高法院判决指出，通过超级搜索引擎进入数据库并未侵权，因为搜索引擎使用者虽然多次进入数据库但其本身不是进入数据库主要部分，而这些多次进入不能总计为一次进入主要部分（BGH GRUR 2011，1018 - *Automobil-Onlinebörse*）。

法律政策上有争议的是为期刊杂志出版社规定单独的邻接权。出版社在网络时代蒙受了损失，因为订户数量已日趋减少，广告客户也大量流入网络。因而出版社要求享有该种权利，即未经其许可，禁止进入网络在线提供的期刊杂志文章，特别是如"谷歌新闻"之类的新闻总览形式。德国联邦政府已经表达了增设该权利的意图，但大部分的著作权法学者对此予以反对。

八、权利实现

在德国，著作权的实现在很大程度上依赖民事责任手段。虽然对侵权行为也可处以刑事责任，但刑事责任手段只是例外形式。存在侵权行为时，权利所有人可请求排除妨碍，有重复危险时可请求不作为（第97条第1款）。损害赔偿请求权以存在过错为条件。由于因侵权行为所导致的损害通常很难计算，因而德国著作权法第97条第2款提供了三种损害计算方式：权利所有人首先可证明具体的损害，其次可以合理的许可费为基础计算，最后可请求侵害人返还侵权利润。有意见认为，为了预防侵权行为发生之目的，在以合理的许可费为基础计算损害时，应提高许可费的金额。这种意见到目前为止并未得到实现，因为德国法不承认"惩罚性赔偿"，关于损害赔偿的各立法规定也建基于禁止不当得利之基本原则：受害人仅能获得补偿损害的赔偿，而不能因此获利。

通过转化《为实现知识产权法律（欧洲共同体）2004/48 号指令》，德国著作权法为权利的实现提供了更强的保障。特别是权利所有人对本身没有侵害著作权的经营者也享有信息提供请求权（第 101 条）。因而权利所有人可以请求网络服务商提供权利侵害人的身份信息。但通常需要法官为此事先颁发命令（第 101 条第 9 款）。在一定条件下，作者也可以请求出示或检查侵权嫌疑物（第 101a 条），如可能运行了盗版软件的计算机。

目　　录

第二部分　邻接权 // 110

德国著作权法❶

第一部分　著　作　权

第一章　一般规定

第1条　一般规定

文学、科学与艺术❷作品的作者基于其作品而依据本法受到保护。

---

❶　1965 年 9 月 9 日的《著作权法》（见《联邦法律公报》，1965 年，第一部分，第 1273 页），最后一次为 2011 年 12 月 22 日的法律（见《联邦法律公报》，2011 年，第一部分，第 3044 页）第 2 条第 53 款所修改，反映德国《著作权法》2011 年 12 月 22 日的立法状况（Urheberrechtsgesetz vom 9. September 1965（BGBl. 1965 I S. 1273），das zuletzt durch Artikel 2 Absatz 53 des Gesetzes vom 22. Dezember 2011（BGBl. 2011 I S. 3044）geändert worden ist. Stand：22. 12. 2011）。

❷　将受著作权法保护的作品局限于文学、科学与艺术领域，是受传统观念的影响。著作权法现在也保护计算机程序、地图、技术图纸及地址簿等，则表明早已突破了传统局限。因而第 2 条第 2 款对"作品"概念进行立法定义时，并未将其局限于具体的领域（见 Schack, Urheber-und Urhebervertragsrecht, Mohr Siebeck Verlag, 2010，5. Auflage，S. 97）。

第二章　作　　品

第2条　受保护的作品

1. 下列特别❶属于受保护的文学、科学与艺术作品：

（1）语言作品，如文字作品、言谈及计算机程序❷；

（2）音乐作品❸；

（3）包含舞蹈艺术作品在内的哑剧作品❹；

（4）包含建筑艺术与实用艺术作品在内的美术作品

---

❶　"特别"一词表明，第2条第1款第1～7项规定的语言作品等只是对作品类型的典型例举，而不是穷尽列举，并未排除其他的作品形式。如果出现了新的作品形式，可以根据第2条第2款将其认定为作品从而受著作权法保护。

❷　语言作品是以语言作为表达手段的作品，包括书面语言（文字作品）、口头语言（言谈）及计算机语言（计算机程序）等。只有表达出概念内容，才构成语言作品。账簿及国际象棋的一局棋未表达出概念内容，因而不构成语言作品。字形（字样）不是语言作品（文字作品）（见 Rehbinder, Urheberrecht, C. H. Beck Verlag, 2010, 16. Auflage, S. 73 - 74）。

❸　音乐作品是以声音或声响作为表达手段的作品。通过这些手段表达的内容并不是作品标题所称的内容，而是通过声音或声响所表出的音乐情绪或感受。没有表达出这些内容的自然界的声音并不构成音乐作品（见 Rehbinder, Urheberrecht, C. H. Beck Verlag, 2010, 16. Auflage, S. 77）。

❹　虽然舞蹈艺术作品是否应包含于哑剧作品，在德国存在争议，但是它们都是属于以表情、手势或其他身体活动作为表达手段的作品。需要通过这些手段表达出思想或感情内容。杂技并没有表达出这些内容，因而不构成舞蹈艺术作品或哑剧作品（见 Rehbinder, Urheberrecht, C. H. Beck Verlag, 2010, 16. Auflage, S. 80 - 81）。

及这些作品的草图❶；

(5) 摄影作品及以与摄影作品类似方式创作的作品；

(6) 电影作品及以与电影作品类似方式创作的作品❷；

(7) 科学或技术性质的图示描述，如图画、平面图、地图、草图、图表及三维立体图示❸。

2. 本法意义的作品仅指个人的智力创作❹。

---

❶ 美术作品是以平面或空间中的线条或外形作为表达手段的作品。需要通过这些手段直观地表达美学内容。仅仅表达出实用内容的，不构成美术作品。但是，这里的美术作品并不限于纯美术作品，还包括实用艺术作品如珠宝、家具及瓷器等。因而，同时表达出美学内容与实用内容的，也构成美术作品，且不要求所表达的美学内容占主要部分（见 BGH GRUR 1972，39 - Vasenleuchter）。

❷ 电影作品是由连续画面与连续声音构成的特殊作品。其中主要的是连续画面，因为最早出现的电影就是无声电影。因而电影作品的主要表达手段是连续画面，即在时间上有先后顺序的活动画面。通过连续画面与声音必须表达一定的内容，如故事电影的情节或教学电影的教学内容。电视作品属于以与电影作品类似方式创作的作品。电影作品属于特别的作品类型，因而著作权法第88~94条对电影作品作出了特别规定。

❸ 如同美术作品，科学或技术性质的图示描述也是以平面或空间中的线条或外形作为表达手段的作品。但是，通过这些手段直观表达的并不是美学内容，而是科学或技术内容。

❹ 将作品定义为"个人的智力创作"，并未全面揭示作品的特征与构成条件。学术界根据该立法定义及司法判例，归纳出作品的特征与构成条件为：(1) 智力内容。该智力内容可能完全来自于个人（例如虚构的寓言故事），也可能来自已成为社会公共财富的人类的智力内容（神话传说、历史传统、思想流派、世界观、道德观念、宗教观念及科学与技术知识等）、自然（如自然景观）或社会（如个人的社会生活经历及社会事件等），但是这些只是个人智力内容的创作素材，公众可以自由使用，只有在此基础上形成个人的看法、意见或观点，才成为个人的智力内容。(2) 表达形式。智力内容只有通过表达为他人所感知，才能构成作品。人类具有 （转下页）

第3条　演绎

作为演绎者个人智力创作的对作品的翻译及其他演绎❶，不管被演绎作品的著作权而如同独立的作品受到

（接上页）视觉及听觉等感觉，因而表达手段有语言、图形及声音等。表达手段需要与物质相联系。这些物质可能是有体的，如纸张、画布、影片、CD 或 DVD 等数字化信息的数字载体；也可能是无体的，如声波及电磁波。表达形式是指对表达手段的构成安排，例如著作中的句子、音乐作品的音序及电影作品的画面序列等。通过表达手段与表达形式，人类的智力内容就成为作品内容（见 Schack, Urheber- und Urhebervertragsrecht, Mohr Siebeck Verlag, 2010, 5. Auflage, S. 97 - 101；Rehbinder, Urheberrecht, C. H. Beck Verlag, 2010, 16. Auflage, S. 23 - 25, 65 - 69）。（3）独创性。该要求表现为其中的"个人创作"之规定。根据该要求，首先必须是人类创作，才可能构成作品。不是由人类创作，而是属于自然界的存在物的，例如树根，即使其具有艺术造型，也不构成作品；由猩猩所作的画或完全由机器所完成的产品例如由计算机所完成的作品翻译，也不构成作品。当然，并不排除在由人类意志控制的创作过程使用计算机等辅助手段。其次，必须是独立创作，而不能是抄袭或模仿。最后，必须具有一定的创造性，日常信件等不构成作品。该创造性可能来源于内容本身（例如虚构的寓言故事），也可能来源于表现形式（例如第 4 条的汇编作品）。在德国过去也认为著作权"只保护作品的表达形式，而不保护其内容"（见 RGZ 82, 16 - Lustige Witwe），现在则认为作品是否受著作权保护不是根据形式或内容的划分标准而是根据其是否具有创造性予以判断（见 BGHZ 5, 3 - Hummelfiguren）。完全来自作者个人且具有创造性的内容例如虚构的寓言故事，肯定受著作权保护；在前述已成为社会公共财富的人类的智力内容、自然景观或社会事件等基础上形成个人的看法、意见或观点，如果不是普通人依其通常能力就能形成的，则属于个人的智力内容，也受著作权保护。

❶　根据第 23 条的表述，演绎又属于"改变"的方式之一。演绎属于第 2 条第 2 款规定的个人的智力创作，具有独创性，而通过翻译软件完成的作品的翻译、对油画的放大或缩小及作品的数字化等，不属于个人的智力创作，是演绎之外的其他的改变方式。对作品的演绎，包括不改变作品内容但改变作品形式，如将作品改拍成电影或将作品从一种语言翻译为另一种语言；也包括改变作品的内容。这种对作品内容的改变，虽然也有演绎者的独创性，但没有完全脱离被演绎作品的独创性，相当于我国著作权法第 12 条规定的注释与整理等方式。如果完全脱离了原作品的独创性，则构成了全新作品，而不再是演绎作品，详见第 30 页注释❶关于自由使用与演绎的区别。

保护❶。对不受保护的音乐作品的仅非显著的演绎，不作为独立的作品受到保护❷。

第 4 条 汇编作品与数据库作品

1. 对作品、数据或其他独立成分的汇编，基于对各成分的选择或编排而成为个人的智力创作的（汇编作品），不管各成分可能存在的著作权或邻接权而如同独立的作品受到保护❸。

2. 本法意义的数据库是指系统地或依据一定的方法编排各成分且借助电子手段或通过其他方式能够进入各单独成分的汇编作品❹。为创作数据库作品或为能进入其成分而使用的计算机程序（第 69a 条）不是数据库作品的组成部分。

---

❶ 被演绎作品的作者对其作品享有演绎权。但是，演绎者对作品的演绎所享有的著作权，不取决于演绎是否经被演绎作品的作者的同意。只是根据第 23 条，对作品演绎的出版或利用，需要经被演绎作品的作者的同意。

❷ 一般情况下，对作品的演绎，即对作品形式或内容的改变，只需要较低程度的独创性，就构成独立的演绎作品而受著作权保护。但对不受保护的音乐作品的演绎，要具有较高程度的独创性，才能作为独立的演绎作品享有著作权保护。其原因在于保护公众自由使用不受保护的音乐作品的利益。

❸ 汇编作品包括不连续定期出版的汇编作品如诗选、文集或百科全书等，也包括连续定期出版的汇编作品，如报纸或杂志。报纸及杂志是重要的汇编作品，著作权法其他条文（如第 38 条）亦有规定。电影或电视作品本也属于汇编作品，但因为它们过于复杂，所以著作权法将它们作为独立的作品类型，规定于第 2 条第 1 款第 6 项。

❹ 数据库作品不同于第 87a 条第 1 款规定的数据库。前者属于作品，是个人的智力创作，受著作权保护；而后者不构成作品，不是个人的智力创作，受邻接权保护。数据库作品包括电子数据库作品与非电子数据库作品。数据库作品是特别的汇编作品，著作权法有些条文（如第 23 条、第 55a 条及第 63 条第 1 款）对其作出了特别规定。

第 5 条 官方作品❶

1. 法律、法规、官方的命令、公告与裁判❷及官方撰写的裁判要旨❸不享有著作权保护。

2. 这同样适用于官方出于让公众知悉目的而发表的其他官方作品❹，但受相应限制，即必须准用第 62 条第 1～3 款及第 63 条第 1 款、第 2 款的禁止修改与注明来源的规定。

3. 法律、法规、官方的命令或公告指引了私人的规范性作品❺但没有逐字复述的❻，私人的规范性作品的著作权不受第 1 款、第 2 款的影响。于此情形作者有义务

---

❶　官方作品不享有著作权保护的原因并不是因为其不具备著作权法第 2 条第 2 款规定的"个人的智力创作"这一作品受著作权保护的条件，而是为了公共利益将官方作品排除于著作权保护之外。立法者并没有对"官方作品"予以立法定义，而是在第 5 条第 1 款中例举了多种官方作品。德国联邦最高法院在判决中指出，"官方"是指行使国家权力（立法、司法与行政）的机关（见 BGH GRUR 1982, 40 - WK - Dokumentation）。包括联邦、州、乡镇的行政机关以及其他公法上的法人，例如公法上的团体、机构及基金会等（储蓄银行、公立疾病保险机构、公立广播电台及公立学校等）。此外，还包括被委托了公法任务的私法主体如"机动车技术监察协会"。

❷　官方的裁判包括行政机关的决定与裁定，但主要指法院的判决及裁定等。

❸　例如由审判庭成员之一根据审判庭的一致意见撰写的裁判要旨。由法官私人撰写的用于投稿的裁判要旨，不属于官方撰写的裁判要旨，不属于官方作品，因而享有著作权保护。

❹　如公布的立法资料。

❺　私人的规范性作品是指由私法主体所订立的规范性质的文件，如德国标准化研究会（Deutsche Institut für Normung）订立的工业技术标准。

❻　如果在法律、法规、官方的命令或公告中被逐字复述，则私人的规范性作品也成为官方作品，适用第 1 款，不享有著作权保护。

以合理的条件将复制权与发行权❶授予出版者。第三人为复制权与发行权的独占主体的，该第三人有义务授予第 2 句❷规定的使用权❸。

第 6 条　已发表与已出版的作品

1. 作品经权利人同意而为公众所获取❹的，该作品为已发表作品❺。

2. 作品的复制件在其制作之后经权利人同意以充分的数量向公众提供或交易❻的，该作品为已出版作品。美术作品的原件或复制件经权利人同意而长久地能为公众所知的，该美术作品视为已出版作品❼。

---

❶　关于"复制"与"发行"，分别见第 16 条与第 17 条。

❷　说明：这里的第 2 句指的是本款即第 3 款的第 2 句，该句规定的使用权是指复制权与发行权。

❸　关于"使用权"，见第 31 条以下及第 41 页注释❷。

❹　只需要具有为公众所获取的可能性即可，而不需要发生为公众所获取这一实际结果。

❺　作品不论发表与否，都受著作权保护。因而发表并不是作品受著作权保护的条件。相反，作品的发表在某些方面会弱化著作权保护。例如在作品发表之后，任何人可以公布作品内容（第 12 条第 2 款），展览权消灭（第 18 条）。此外，一些对著作权的限制也以作品发表为条件，对于未发表的作品未经作者同意不准许使用，例如为教堂、学校或教学目的而编入汇编作品（第 46 条）、引用（第 51 条）及为教学与研究目的而网络传播（第 52a 条）等。

❻　转让、出借或出租作品复制件，都构成作品复制件的交易。

❼　例如，美术作品的原件或复制件长久地展览于博物馆或为博物馆的杂志所收录。对于美术作品的出版，首先适用第 6 条第 2 款第 1 句的一般规定。但不同于文学或音乐作品，美术作品通常不是通过将作品复制件向公众提供或交易而为公众所知，一般只有其原件才具有艺术价值。所以第 6 条第 2 款第 2 句对美术作品的出版又作出了特别规定。

第三章　作　者

第 7 条　作者

作者是指作品的创作者❶。

第 8 条　共同作者

1. 多人共同创作作品且各人的份额不能分开利用的，该多人为作品的共同作者❷。

---

❶　德国奉行"创作者原则"，只有作品的创作者，即赋予作品以独创性的人，才能成为作者。因而作者只能是自然人，而不能是法人。即使作品是在雇用关系或委托关系中创作的，其作者也是雇员或受托人，而不是雇主或委托人。而对于所谓的"代笔人"，虽然由他人署名为作者，也由该他人作为作者享有全部著作权，但根据"创作者原则"，"代笔人"仍然是作者，只是视为其将全部的使用权（第 31 条以下）授予该他人。而"代笔人"的著作人格权特别是第 13 条第 1 句规定的请求承认作者身份的权利，既不可转让，也不可放弃。所以由他人署名为作者被视为债法上的约定，"代笔人"不向该他人主张著作人格权。但该约定不具有著作权法上的效力（见 Schack, Urheber- und Urhebervertragsrecht, Mohr Siebeck Verlag, 2010, 5. Auflage, S. 154 - 155）。

❷　共同作品为多人参与创作的作品形式之一。多人参与创作的作品形式还包括演绎作品（第 3 条）、汇编作品（第 4 条）及结合作品（第 9 条）。共同作品必须是多人"共同"创作的作品，即多人必须基于共同的理念在理解共同任务的前提下相互分工而共同工作。而演绎作品只是演绎者事后对被演绎作品进行改变，与原作者之间不存在共同工作。在共同作品中，共同创作人各自的份额不能分开利用。例如，在共同编写的教材中，各人编写的章节不能单独作为作品予以利用。因而多人创作的共同作品，只产生一个作品，只存在一项著作权。而在汇编作品中，被编入的原作品相互之间可以分开利用，原作品也是相互独立的多个作品，原作品的作者分别对各自的作品享有著作权。在结合作品中，例如由词与曲构成的歌曲中，词与曲可以分开利用，作词人与作曲人对其词与曲分别享有著作权。作为共同作者，必须是对共同作品的独创性作出贡献的人。只是提供了组织或辅助工作的人，不构成共同作者。

2. 作品的发表权与利用权❶归共同作者共同共有❷；仅经共同作者允许❸才可以修改作品❹。但共同作者之一不得违反诚实信用原则而拒绝允许发表、利用或修改。每个共同作者有权主张因侵害共同的著作权而产生的请求权；但其仅能请求提供给全体共同作者的给付❺。

3. 共同作者之间无其他约定的，因利用作品而产生的收益应根据共同参与创作作品的程度而分配给各共同作者。

4. 共同作者之一可以放弃其在利用权（第 15 条）

---

❶　关于"利用权"，见第 15 条以下及第 15 页注释❶。

❷　只是作为财产权的利用权（第 15 条以下）以及为实现财产利益所必要的著作人格权中的发表权归全体共同作者共有。而其他著作人格权如请求承认作者身份的权利（第 13 条）及取得作品件的权利（第 25 条）等归单个的共同作者享有。这里的"共有"是共同所有，而不是按份共有。在著作权法无特别规定的情况下，可以适用德国《民法典》（第 705 条以下）关于合伙（共同共有形式之一）的规定。

❸　根据德国《民法典》第 183 条，"允许"（Einwilligung）是指事前的同意（Zustimmung）。与之对应的是第 184 条第 1 款规定的"追认"（Genehmigung），即事后的同意。

❹　即使一个共同作者修改其所创作的部分，也需要经其他共同作者同意。

❺　在不请求赔偿损害而是请求不作为、提供信息或账单的情况下，可以只请求提供给自己而不是全体共同作者的给付。换言之，"仅能请求提供给全体共同作者的给付"仅限于只能一次行使的请求权（如损害赔偿请求权），而不限于能多次行使的请求权（如提供信息请求权）。因为后者能多次行使，因而由一个共同作者主张该权利不会影响到其他共同作者的利益。但是，类推适用德国《民法典》第 432 条第 2 款（"仅在债权人中之一人自身发生的事实，不发生有利和不利于其余债权人的效力"），法院作出的判决对其他共同作者不发生效力。

中的份额❶。应向其他共同作者声明放弃❷。该份额随声明而增加给其他共同作者。

第9条 结合作品的作者

多个作者为了共同利用而相互结合其作品的，每个作者可以请求其他作者允许发表、利用或修改结合作品❸，但以根据诚实信用原则该允许对于其他作者是可以合理期待的为限❹。

---

❶ 根据第29条第1款，著作权不可转让，因而共同作者不能将其份额转让给其他共同作者。根据德国所奉行的"一元论"，由于著作权所包含的人格权因素，所以著作权也不可放弃。因而第8条第4款属于与德国著作权法体系与原则相违背的例外规定。共同作者放弃其利用权的，并没有因此退出共有，因为并没有放弃著作人格权，也没有放弃对尚未出现的未知的作品使用形式的利用权（第31a条第4款）。

❷ 只能向共同作者（或共同作者的权利继受人）声明放弃。不得为了共同作者之外的第三人而放弃。

❸ 由词与曲构成的歌曲、由脚本与音乐构成的歌剧或由文章与插图构成的书本，都属于结合作品。在结合作品中，被结合的作品分别可以单独利用，作者分别对其作品享有著作权。在汇编作品中，被编入的作品可以单独利用，原作者对这些作品也享有著作权，但因为汇编者的选择或编排，在被编入作品的基础上产生了独立的汇编作品，汇编者对该汇编作品享有著作权。而结合作品其实不是一种独立的作品形式，在原作品的基础上没有产生新的作品，仍然只是由作者对各自的作品享有著作权。保护期限也是根据各作品确定。通常情况下，结合作品是作者根据债法而进行协商的产物，而不是著作权法意义的创作的产物。对于结合作品的发表、利用与修改，一般也由双方在协议中确定。只有协议没有规定时，才适用著作权法第9条，可以请求其他作者允许发表、利用或修改结合作品。

❹ 一般情况下，基于诚实信用原则而产生的允许发表、利用或修改结合作品的义务，从作者达成协议同意作品结合就可以推导出来。所以该规定被认为是多余之举（见 Schack, Urheber- und Urhebervertragsrecht, Mohr Siebeck Verlag, 2010, 5. Auflage, S. 164）。但是，在特殊情况下，也可以适用诚实信用原则。例如，作者请求其他作者允许在达成 （转下页）

第 10 条 作者或权利人资格的推定

1. 在已出版❶作品的复制件或美术作品的原件上以通常的方式标记为作者的，至提出相反的证据为止❷被视为作者；该规定也适用于作为作者的笔名或艺名而知名的标记。

2. 未根据第 1 款标记作者的，推定在作品的复制件上标记为编者的人被授权主张作者的权利。未标记编者的，推定授权于出版者。

3. 以涉及临时法律保护程序或主张不作为请求权为限，对于排他使用权❸的所有人，准用第 1 款的推定❹。

（接上页）协议时尚未知道的后来新出现的利用形式时，则需要根据诚实信用原则考量其是否是其他作者可以合理期待的。

❶ 关于"出版"，见第 6 条第 2 款。

❷ 这意味着举证责任倒置。根据"谁主张，谁举证"的一般举证规则，对于自己为作者之主张，作者应予以举证。但在该规定中，作者只要说明自己已在已出版作品的复制件或美术作品的原件上以通常的方式被标记为作者，不需要举证证明自己是否真的是作者，根据该规定推定其为作者。而是由另一方当事人负举证证明其不是作者的义务。

❸ 关于"排他使用权"，见第 31 条第 3 款。

❹ 该规定仅适用于排他使用权（第 31 条第 3 款）的所有人，而不适用于普通使用权（第 31 条第 2 款）的所有人；仅适用于临时法律保护程序（如临时处分措施）或主张不作为请求权（第 97 条第 1 款），而不适用于主张赔偿损害请求权（第 97 条第 2 款）、销毁、召回与让与请求权（第 98 条）及信息提供请求权（第 101 条）等。只要排他使用权的所有人（如出版者）以通常的方式进行标记，在临时法律保护程序或主张不作为请求权的程序中至提出相反的证据为止，就被视为该排他使用权的所有人。

在与作者或邻接权的原始所有人❶的关系中，不适用该推定。

第四章　著作权的内容

第一节　一般规定

第 11 条　一般规定❷

著作权保护作者与作品的智力与人格联系❸及对作品的使用。同时旨在保障因利用作品而产生的适当报酬。

---

❶　邻接权的原始所有人是指通过原始取得而非传来取得的方式获得邻接权的人，如科学版本的整理者（第 70 条）、照片的拍摄者（第 72 条）及表演者（第 73 条）等。

❷　在坚持"二元论"的国家（如中国），将著作权分为著作人格权与著作财产权。其中，著作财产权可以转让。而德国著作权法第 11 条宣示了该法所坚持的"一元论"，即著作权是由著作人格权与著作财产权（利用权与支付报酬请求权）组成的统一权利，是不可分开的整体。因为其中的人格权因素，所以第 29 条第 1 款规定著作权不可转让。

❸　著作权对作者人格利益的保护，仅限于与作品相联系的人格利益，从而使得著作权法与保护人格利益的其他法（如德国《民法典》第 12 条及第 823 条第 1 款）区分开来。作者与作品的人格联系，体现为通过发表作品赢得名誉与声望。而作者与作品的智力联系，体现为通过发表作品而影响人的教育与思想的形成。二者都属于作者精神层面的利益，与因作品的利用而获得的物质（财产）层面的利益相对应。

第二节　著作人格权❶

第 12 条　发表权❷

1. 作者有权决定，是否及如何发表❸其作品。

2. 只要既没有作品又没有作品的主要内容或描述经

---

❶　除了第 12～14 条之外，第 25 条（取得作品件的权利）、第 29 条
第 1 款（著作权的不可转让性）、第 34 条（使用权的转让需经作者同意）、
第 35 条（使用权的再授予需经作者同意）、第 39 条（使用权人修改之禁
止）、第 41 条（因未行使而产生的召回权）、第 42 条（因观念改变而产生
的召回权）、第 62 条（准许使用时的修改之禁止）、第 63 条（注明来源）
及第 112 条以下（对强制执行的限制），也属于著作人格权之规定。

❷　发表权既具有人格权性质，也具有财产权性质，因为作品通常只
有通过发表才能为公众所获取及享用，才能实现作品的财产利用。因而作
者通常是在授予他人使用权（第 31 条第 1 款）时行使发表权。发表权仅限
于作品的"首次发表"。作品经作者同意而首次发表之后，他人未经作者同
意而继续"发表"作品的，不能再根据第 12 条规定的发表权，而只能根据
利用权（第 15 条以下）如复制权（第 16 条）或发行权（第 17 条）等予以
禁止。

第 12 条规定的"发表权"包括"首次发表权"（第 1 款）与"作品内
容公布或描述权"（第 2 款）。首次发表权涉及包含于作品的表达形式在内
的作品的整体，而作品内容公布或描述权仅涉及作品的智力创作内容。其
中，"公布"是针对语言作品内容，而"描述"是针对音乐作品与美术作
品。只有作者独创的受著作权保护的内容才为作品内容公布或描述权所涵
盖。作者无权禁止他人公布或描述为其作品内容所包含的公知的事实及科
学结果等。电影发行公司在电影公开首映之前以电影内容或出版社在图书
出版发行之前以图书内容进行广告，属于作品内容公布或描述权所涵盖的
行为。

❸　关于"发表"，见第 6 条第 1 款。

作者同意而被发表的，对作品内容的公布或描述，保留于作者。

第 13 条　作者身份的承认❶

作者有权请求承认其对作品的作者身份。其可以决定，是否在作品上标记作者及使用何种标记。

第 14 条　作品的歪曲❷

对作品的歪曲或其他损害，足以危及作者在作品的智力或人格方面的合法利益的，作者有权予以禁止。

---

❶　由于请求承认作者身份的权利属于著作人格权，而著作人格权是保护作者与作品相联系的人格利益，没有作品就没有著作人格权，因而在德国，如果将非某作者创作的作品署名为该作者，不是根据著作权法第 13 条，而是根据"一般人格权"（一般人格权是由德国司法判例根据《民法典》第 823 条第 1 款规定的"其他权利"发展而来的一种权利。《民法典》第 823 条"损害赔偿义务"第 1 款：故意或有过失地不法侵害他人的生命、身体、健康、自由、所有权或其他权利的，负有向该他人赔偿因此而发生的损害的义务。引自德国民法典［M］. 陈卫佐，译. 北京：法律出版社，2006：306）及《民法典》第 12 条规定的"姓名权"予以保护（见 BGHZ 107，384）。此外，对请求承认作者身份的权利的保护还见于第 39 条第 1 款及第 63 条。

❷　对禁止歪曲作品的权利的保护还见于第 39 条及第 62 条。第 93 条第 1 款为保护电影制作者对电影作品的利用，对作者的禁止歪曲作品的权利进行限制：电影作品与为拍摄电影而所使用的作品的作者只可禁止对其作品造成严重歪曲或其他严重损害。

第三节　利用权❶

第 15 条　一般规定

1. 作者享有以有体的形式利用其作品的排

---

❶　利用权（Verwertungsrechte）属于著作财产权（Vermögensrechte）。著作财产权在德国著作权法中除了第 15～24 条规定的利用权之外，还包括第 26 条规定的后续权、第 27 条规定的对出租与出借的支付报酬请求权及第 54～54h 条规定的支付报酬请求权。利用权与第 31 条以下规定的使用权（Nutzungsrechte）存在区别：前者是作者对作品享有的排他性的利用作品的权利，后者是其他人根据作者的授权而对作品享有的排他性（排他使用权）或非排他性（普通使用权）地使用作品的权利。前者是后者产生的基础。后者相当于许可。因为德国著作权法奉行的"一元论"，利用权与著作人格权是著作权不可分割的组成部分，因而利用权也不可转让，只能由作者授予他人使用（第 31 条第 1 款）。而在使用人获得使用权之后，经作者同意，使用权可以转让给其他人（第 34 条）。

从立法技术上来说，德国著作权法设置了一般性的利用权，同时又将利用权具体化为以有体的形式利用作品的权利（第 15 条第 1 款前半句）、以无体的形式利用作品的权利（又称为公开再现权，第 15 条第 2 款前半句）及演绎或改变权（第 23 条，如翻译权及改拍电影权）。同时又分别对以有体形式利用作品的权利与以无体形式利用作品的权利进行例举，前者如复制权、发行权与展览权（第 15 条第 1 款后半句），后者如朗诵权、演出权与放映权、网络传播权、广播权、音像载体再现权及广播与网络传播的再现权。最后对上述例举的权利一一进行立法定义（第 16～22 条）。当出现对作品的新的利用形式而应划归为作者所有时，可以列入一般性的利用权。但是，需要注意的是，根据各具体的利用权的立法定义而有意识地被立法者排除的利用形式，不能回溯适用一般性的利用权之规定而予以认定。例如，根据第 18 条，展览权是指公开展出未发表的美术或摄影作品的原件或复制件的权利，因而作者对于已发表的美术或摄影作品的原件或复制件并不享有展览权。但不能适用一般性的利用权之规定（在此为第 15 条第 1 款前半句），将公开展出已发表的美术或摄影作品的原件或复（转下页）

他❶权利；该权利特别❷包括：

(1) 复制权（第 16 条）；

(2) 发行权（第 17 条）；

(3) 展览权（第 18 条）。

2. 此外，作者享有以无体的形式公开再现其作品的排他权利（公开再现权）。公开再现权特别❸包括：

(1) 朗诵权、演出权与放映权（第 19 条）；

(2) 网络传播权（第 19a 条）；

(3) 广播权（第 20 条）；

（接上页）制件，划归为由作者享有的以有体的形式利用作品的权利。

以有体的形式利用作品的权利，使作者能控制凭借作品件（原件或复制件）而享用作品的消费者。以无体的形式利用作品的权利，使作者能控制不凭借作品件（原件或复制件）而享用作品的消费者。

❶ "排他"一词表明，该权利不仅具有积极的权能，即作者有权以有体的形式利用其作品；而且具有消极的权能，即禁止其他人以有体形式利用其作品。本法规定的大部分权利同时具有积极与消极两方面权能。但第 25～27 条规定的权利只具有积极权能。例如第 25 条规定的取得作品件的权利，作者只可以请求作品原件或复制件的占有人，使其可以取得该原件或复制件，但不能禁止其他人也请求作品原件或复制件的占有人取得该原件或复制件。

❷ "特别"一词表明，第 15 条第 1 款后半句第 1～3 项规定的权利只是对以有体的形式利用作品的权利的典型例举，而不是穷尽列举，并未排除其他的以有体的形式利用作品的权利。如果出现新的以有体的形式利用作品的权利，可以根据第 15 条第 1 款前半句予以认定从而受著作权法保护。

❸ "特别"一词表明，第 15 条第 2 款后半句第 1～5 项规定的权利只是对以无体的形式利用作品的权利的典型例举，而不是穷尽列举，并未排除其他的以无体的形式利用作品的权利。如果出现新的以无体的形式利用作品的权利，可以根据第 15 条第 2 款前半句予以认定从而受著作权法保护。

（4）录音录像载体再现权（第 21 条）；

（5）广播与网络传播的再现权（第 22 条）。

3. 公开再现是指被确定于针对大多数公众成员的再现。与利用作品的人或与以无体的形式可感知或已获取作品的人不存在人身联系的人❶，属于公众。

第 16 条 复制权

1. 复制权是指制作作品复制件的权利，而不管是否是临时或长久的，以何种方法及数量多少。

2. 录制作品于能重复再现画面或声音序列的装置（录像或录音载体）❷，也是复制，而不管是否涉及收录作品的再现于录像或录音载体❸或涉及将作品从一个录像或录音载体转录到另一个录像或录音载体❹。

第 17 条 发行权

1. 发行权是指向公众❺提供或交易❻作品的原件或

---

❶ 因而可能在两个人中再现就可能构成公开再现，而在数百人参加的婚礼中的再现，不构成公开再现（见 AG Bochum GRUR‐RR 2009，166‐Türkische Hochzeit）。

❷ 说明：这里包含两层含义。第一，录像或录音载体的立法定义，是指能重复再现画面或声音序列的装置。第二，录制作品于录像或录音载体，构成复制。

❸ 是指将作品的再现首次录制于录像或录音载体如唱片、录音磁带或电影胶片。

❹ 例如将作品从唱片转录到录音磁带。

❺ 对于"公众"，根据第 15 条第 3 款判断。

❻ 发行包括提供与交易两种行为。对于这里的"提供"（Anbieten），应作广义理解，是指能引起第三人使用作品之兴趣的一切措施 （转下页）

复制件❶的权利。

2. 作品的原件或复制件经有权发行的人同意在欧盟或《欧洲经济区协议》的成员国以转让的方式交易的，准许其继续发行，但出租除外❷。

（接上页）（见 Lutz，Grundriss des Urheberrechts，C. F. Müller Verlag，2009，1. Auflage，S. 90－91）。因而不限于德国《民法典》（第145条）意义上的合同要约，还包括如为销售目的而展示作品件（KG GRUR 1983，174－Videoraubkassetten）或寄送图书目录（BGH GRUR 1981，360-Erscheinen von Tonträgern）等要约邀请。这里的"交易"（Inverkehrbringen）并不以转移所有权为限，只需要将某种支配权转移给他人即可。因而不仅转让，而且出租、出借也属于"交易"。没有转移支配权，而只是交给他人保管的，不是交易。提供与交易，都必须以公众为对象。因而在家人之间传阅书籍，或没将支配权转移给"他人"，而只是在企业内部不同部门之间相互移交的，都不属于发行行为。

❶ 对作品原件或复制件所享有的所有权，属于物权，以有体物为客体。而作为著作权的客体的作品，是个人的智力创作，属于无体物。读者购买书籍（作品复制件）以后，对该书籍享有所有权（物权），但并未获得对作品的著作权，因而未经作者同意不得利用作品如公开表演作品。但著作权与物权的这种权利客体上的区分，并不是绝对的。例如，发行权就是以作品的原件或复制件为对象。第25条规定的取得作品件的权利也是以作品件（原件或复制件）为对象。而根据第44条第2款，美术或摄影作品原件的所有人有权公开展览作品。

❷ 此为"发行权穷竭"之规定。需要注意的是，在著作权中，只有发行权穷竭，而复制权及第15条第2款规定的以无体的形式利用作品的权利并不穷竭。只有已经转让的作品件（原件或复制件）的发行权穷竭，还未转让的作品件的发行权并不穷竭。"发行权穷竭"之规定适用于所有作品类型，而第69c条第3项第2句又对计算机程序这类特殊作品的复制件的发行权穷竭再次进行规定。

发行权穷竭的条件为：（1）作品的原件或复制件必须以转让的方式予以交易。即首次发行行为必须是交易行为，而非提供行为。必须是交易行为中的转移了所有权的转让行为。首次发行行为属于仅转移了支配权的出租或出借行为的，并不导致发行权的穷竭。转让行为可以通过买 （转下页）

3. 本法规定意义的出租是指受时间限制的、直接或间接以营利为目的的交付使用。但下列原件或复制件的交付使用不视为出租❶：

（1）建筑作品与实用艺术作品的原件或复制件；

（接上页）卖或赠与合同等而发生。（2）作品的原件或复制件的首次发行必须"经有权发行的人同意"。有权发行的人可以是作者，也可以是其他人例如出版者。出版者从作者获得的出版权既包括复制权，也包括发行权。但如果作者授予出版者的出版权根据第31条第1款第2句受期限限制，则出版者超过该期限就不再是有权发行的人。（3）作品的原件或复制件的首次发行可以是在德国领域内（发行权的国内穷竭），也可以是在欧盟或《欧洲经济区协议》的成员国内（发行权的欧洲穷竭），但不能是在这些国家之外的其他国家或地区（不承认发行权的国际穷竭）。发行权国内穷竭的原因与一般知识产权的国内穷竭的原因相同，即作者已经从发行权的首次行使获得了利益，如果还要对继续发行予以控制，则加重了社会公众的负担。而发行权欧洲穷竭的原因是因为为实现统一的内部市场目标，《欧洲共同体条约》第28条规定了商品流通自由原则，禁止进口数量限制以及所有与数量限制具有同样效果的措施。所以作品的原件或复制件在一个欧盟成员国合法转让以后，发行权在其他欧盟成员国也穷竭，因而可以进口到其他成员国，避免因为发行权保护而限制商品的自由流通。此外，根据《欧洲经济区协议》，发行权欧洲穷竭原则适用于所有成员国（欧盟成员国及冰岛、列支敦士登与挪威）。

但是，并不是所有的发行权穷竭，发行权中的出租权并不穷竭。因而在作品的原件或复制件首次合法转让之后，再继续以出租的方式发行的，需经作者同意并支付报酬。只是以出租之外的方式如以转让或出借的方式继续发行的，不需再经作者同意，也不需再支付报酬。

❶ 立法者在立法理由中指出，在建筑作品如住房与实用艺术作品如家具或餐具的交付使用中，实物的实用目的居于主要地位，而对作品的美术享受只居于次要地位，因而不能视为美术作品（第2条第1款第4项）的原件或复制件的出租；但该除外规定不适用于建筑作品与实用艺术作品的平面图及模型等（见 AmtlBegr. Zum UrhGÄndG, BT-Drucks, 13／115, S. 12），当然也不能适用于纯艺术作品如油画及雕塑等（见 Jacobs, GRUR 1998，250）。在雇用或职务关系范围内为履行雇用或职务关系中的义务而使用之唯一目的的原件或复制件的交付使用主要发生于企业或机关图书馆。

19

（2）在雇用或职务关系范围内为履行雇用或职务关系中的义务而使用之唯一目的的原件或复制件。

第 18 条 展览权

展览权是指公开展出未发表❶的美术或摄影作品的原件或复制件的权利。

第 19 条 朗诵权、演出权❷与放映权

1. 朗诵权是指通过个人表演而使公众❸能听取语言

---

❶ 关于"发表"，见第 6 条第 1 款。展览权随作品发表而消灭。因而展览权不是真正的利用权，而更应该属于第 12 条第 1 款规定的发表权的表现形式。立法者将展览权限于未发表作品的原因是尽可能地不要阻碍艺术品的交易（RegE BT-Drucks Ⅳ/270，S. 48）。因此第 44 条第 2 款也规定，作者转让美术或摄影作品原件的，即使该作品尚未发表，获得原件的所有人有权公开展览作品，但作者转让原件时明确地排除了展览的除外。而且作者根据展览权不能要求作品原件或复制件所有人在作者自己举办作品展览时返还原件或复制件交付作者展览之用，而只能由双方在合同中约定。因为博物馆及艺术品收藏家等的反对，著作权法也没有规定在原件或复制件的所有人为营利目的而有偿展览时作者享有支付报酬请求权。由于立法在作品的著作权与作品件的物权之间的平衡，导致展览权受诸多限制，因而其实践意义并不大。

根据第 6 条第 1 款可以推定，只有在作品是经作者同意的情况下发表的，展览权才消灭。因此美术或摄影作品根据第 58 条为广告目的或在馆藏目录中发表的，也不导致展览权的消灭，因为这种基于对著作权的限制而产生的合理使用没有也不需要经作者同意。

❷ 朗诵权与演出权仅限于通过"个人表演"而使出席的听众或观众能听取或看取语言作品、音乐作品或戏剧作品，而不同于适用于通过技术装置再现作品的放映权（第 19 条第 4 款）、网络传播权（第 19a 条）及广播权（第 20 条）。也不包括通过录音录像载体再现作品从而使公众能听取，这构成二次利用，属于第 21 条规定的录音录像载体再现权。不同于展览权，即使作品已发表，朗诵权与演出权仍然存在；也不同于发行权，朗诵权与演出权不会穷竭。

❸ 对于"公众"，根据第 15 条第 3 款判断。

作品的权利。

2. 演出权是指通过个人表演而使公众能听取音乐作品或在舞台上公开表演作品的权利❶。

3. 朗诵权与演出权包括在个人表演的场地之外通过屏幕、扩音器或类似技术设备使朗诵与演出可公开感知的权利❷。

4. 放映权是指通过技术设备使美术作品、摄影作品、电影作品或科学或技术性质的描述可公开感知的权利。放映权不包括使这些作品的广播或网络传播可公开感知的权利（第22条）。

---

❶　第19条第2款将演出权分为音乐作品的音乐演出权（小演出权）与歌剧及哑剧等作品的舞台演出权（大演出权）。这种区分的实践意义在于，音乐演出权交由著作权集体管理组织"音乐演出权协会"行使，而舞台演出权由舞台演出经纪或作者自己行使。此外，第52条第3款规定的对著作权的限制仅适用于舞台演出权，而不适用于音乐演出权。音乐演出是借由人或乐器的声音表演音乐作品并使人通过听觉能够听取，而舞台演出主要是借由人（也可以是木偶）的连续的空间动作（当然也可以借由声音）表演作品并使人主要通过视觉（当然也可以通过听觉）能够感知。第1款规定的作品朗诵是借由人的声音表演语言作品并使人通过听觉能够听取。舞台演出主要也是借由连续的空间动作表现作品的内容。

❷　因而在个人表演的场地之外通过屏幕、扩音器或类似技术设备使朗诵与演出可公开感知的，也需经作者同意。这实际上构成了二次利用，实际上应该归属于第21条及第22条，但第19条并未将其单列为特别的利用权，而仍然归属于第一次利用中的朗诵权与演出权。然而，第37条第3款又将其从朗诵权与演出权中独立出来。该款规定，作者授予他人公开再现（包括以朗诵与演出的方式再现）作品的使用权的，有疑义时，该他人无权在再现（包括以朗诵与演出的方式再现）所确定的活动之外通过屏幕、扩音器或类似技术设备使该再现（包括以朗诵与演出的方式再现）可公开感知。为此，还需经作者同意并支付报酬。但在该场地之内可以安装技术设备而使听众或观众能更好感知。

第 19a 条　网络传播权❶

网络传播权是指通过有线或无线而使公众❷成员在其选定的地点与时间❸可以获取❹作品的权利。

---

❶　德语"Recht der öffentlichen Zugänglichmachung"直译应为"公开获取权",但是这种权利实质上就是网络传播权。如果译为"公开获取权",不能体现出其实质内容,而且难以与其他利用权区别开来。其他利用权如广播权也具有"公开"及"使公众获取"两方面的特征。德国学者也认为使用"Recht der öffentlichen Zugänglichmachung"在语言方面非常难看,转而使用"Online-übermittlungsrecht",直译为"网络传播权"(见 Schack, Urheber- und Urhebervertragsrecht, Mohr Siebeck Verlag, 2010, 5. Auflage, S. 224)。

❷　对于"公众",根据第 15 条第 3 款判断。通过网络向他人发送电子邮件时,接收人不属于公众成员。

❸　网络传播与广播(第 20 条)的区别在于,在广播中公众只可以自由选择"获取"作品的地点,但在网络传播中公众还可以按照自己的时间安排来"获取"作品。因而网络实时广播等网络电视属于广播,但"按需服务"(on-demand-Diensten)属于网络传播。在第 19 条第 1 款与第 2 款规定的朗诵与演出、第 21 条规定的录音录像载体的再现及第 22 条规定的广播与网络传播的再现中,公众既不可以自由选择地点,也不可以自由选择时间,而只能同时在同一场地"感知"。

网络传播与广播的区分意义重大。例如,如果是网络传播的话,则表演者及录音载体制作者根据第 78 条第 1 款第 1 项及第 85 条第 1 款第 1 句享有禁止权;而如果是广播的话,且表演者的表演已合法地被录制于录像或录音载体且该录像或录音载体已出版或已被合法地网络传播的,则表演者及录音载体制作者根据第 78 条第 2 款第 1 项及第 86 条仅享有支付报酬请求权。

受著作权法保护的所有类型的作品(第 2~4 条)都有网络传播权。第 69c 条对计算机程序的网络传播权作出了专门规定。对网络传播权的限制见第 45 条、第 46 条、第 48 条、第 49 条、第 50 条、第 51 条、第 52a 条、第 52b 条、第 56 条、第 58 条及第 59 条。说明:对于第 45 条的限制见第 68 页注释❸第 2 段;对于第 46 条的限制,见第 46 条第 1 款第 1 句。

❹　属于网络传播权调整即需经作者同意的行为是为使公众成员在其选定的地点与时间可以获取作品而通过有线或无线提供作品。只(转下页)

第 20 条　广播权

广播权是指通过广播❶如电台广播、电视台广播、卫星广播、有线广播或类似技术手段使公众获取作品的权利。

第 20a 条　欧洲卫星广播

1. 卫星广播在欧盟的一个成员国或《欧洲经济区协议》的一个成员国的领域内输出的，其视为仅仅在该成员国进行❷。

2. 卫星广播在一个国家的领域内输出，该国既不是欧盟成员国，又不是《欧洲经济区协议》的成员国，且在卫星广播的权利方面由《欧盟理事会 1993 年 9 月 27 日协调与卫星广播及有线继续播送相关的著作权与邻接

（接上页）要网站内容提供者使存储于其计算机或服务器的数据处于可被提取的状态即可，至于公众实际上是否获取作品（如上网阅读或下载作品），则在所不问。所有在此之前及之后的行为，由规定了复制权的第 16 条调整。例如，将作品数字化并存储于服务器就如同将其存储于磁盘、硬盘或计算机的内存（第 16 条第 2 款）；将网络传播的数字化的作品下载、储存于 CD-ROM 并在屏幕上显示，就如同使用盒式录像带。对网络传播作品的网站设置链接，并不是网络传播行为，而只是减轻了公众获取该作品的难度，因而未侵害网络传播权（见 BGH ZUM 2003，855 - Paperboy）。

❶　德国联邦最高法院将"广播"定义为"通过电磁波播送符号、声音或图像，这些电磁波是从一个播放地点发射而在其他地点能被任意数量的接收装置所接收并能重新转化回为符号、声音或图像"（见 BGH GRUR 1982，727 - Altverträge）。

❷　在一个国家播送的卫星广播，可以在多个国家被接收，因而一个整体的卫星广播行为可以发生在多个国家。对于该卫星广播行为究竟适用哪个国家的法律，存在"播送国原则"与"接收国原则"两种理论。第 20a 条第 1 款规定的是"播送国原则"：整体的卫星广播行为视为仅仅在播送国进行，因而适用该国法律。

权的特定规定的（欧洲经济共同体）93/83 号指令》（《欧洲共同体官方公报》，L 248 号，第 15 页）第二章规定的保护水平在该国得不到保障的，该卫星广播视为在下列成员国进行❶：

（1）传送承载节目信号至卫星的地面广播站所在的成员国；

（2）不存在第 1 项规定的条件的，广播组织的营业所所在的成员国。

在第 1 项与第 2 项的情形中分别向地面广播站的经营者与广播组织主张广播权。

3. 第 1 款、第 2 款意义的卫星广播是指在广播组织的控制与承担责任下输入为公众接收所确定的承载节目的信号于导向于卫星并返回地面的不间断的播送链中。

第 20b 条　有线继续广播权

1. 将已经被广播的作品作为同时地、未作更改地及完整地播送的节目的一部分通过有线系统或微波系统继

---

❶ 欧盟成员国或《欧洲经济区协议》的成员国为卫星广播提供了统一的较高水平的著作权保护。为了防止因适用"播送国原则"而适用既不是欧盟成员国，又不是《欧洲经济区协议》的成员国之外的其他第三国的法律且该国为卫星广播提供的只是较低水平的著作权保护，从而导致在欧盟或《欧洲经济区协议》范围内的较高水平的保护落空，第 20a 条第 2 款规定了对"播送国原则"的例外：适用传送承载卫星广播节目信号至卫星的地面广播站所在的或广播组织的营业所所在的欧盟成员国或《欧洲经济区协议》的成员国的法律。但该款对于既没有地面广播站又没有广播组织的营业所所在欧盟成员国或《欧洲经济区协议》的成员国的情况作出规定。

续广播的权利，仅能通过集体管理组织主张❶。该规定不适用于由广播组织所主张的与其广播相关的权利❷。

    2. 作者已将有线继续广播权授予广播组织、录音载体制作者或电影制作者的，有线机构必须同时为有线继

---

❶　为了减轻有线机构获得有线继续广播权的困难，第 20b 条第 1 款第 1 句规定：有线继续广播权仅能由集体管理组织统一行使。因而有线机构只需要从集体管理组织获得授权，而且集体管理组织在合理条件下有义务授予这种权利，而不需要与由其继续广播的节目所包含的大量作品的作者一一进行谈判，也能避免因为未获得某个作者的授权而导致不能继续广播整个节目。该"有线继续广播权统一行使"之强制规定适用的条件是：（1）必须是通过有线系统或微波系统而不是通过卫星继续广播；（2）必须是对已广播的作品的继续广播；（3）必须是对作为节目的一部分的已广播的作品的继续广播。即该节目包含了多件作品，而不仅仅只包含了一件作品。对于什么是"节目"，著作权法并没有进行立法定义，学者指出其应包含"时间较长"及"使用了多件作品"等特征（见 Dreier / Schulze, Kommentar zum Urheberrechtsgesetz, C. H. Beck Verlag, 2008, 3. Auflage, § 20b Rn. 7)；（4）必须是对已经被广播的作品作为"同时地、未作更改地及完整地"播送的节目的一部分继续广播。非同时地"继续广播"实际上不是继续广播，而是一个新的广播，应适用第 20 条。将他人的广播进行更改，如为了插入自己的广告目的而中断广播，则导致后面的继续广播与原广播并非同时。必须是"完整地"继续广播的目的，在于避免使用他人多个节目的精华部分（节目集锦）作为自己广播节目的也能作为继续广播适用"有线继续广播权统一行使"之强制规定而享受获得权利之便利。

❷　第 20b 条第 1 款第 2 句是对第 1 句的"有线继续广播权统一行使"之强制规定的例外：由广播组织所主张的与其广播相关的权利，未强制规定由集体管理组织统一行使，可以由广播组织自己行使。因为广播组织并非如同作者那样数量众多，有线机构获得授权的难度相应较小。但根据第 87 条第 5 款，广播组织有义务以合理条件授予有线机构有线继续广播权。由广播组织所主张的"与其广播相关"的权利，既可能是第 87 条规定的广播组织自己的权利，也可能是广播组织从节目所包含作品的作者所获得权利。

续广播支付作者适当的报酬❶。报酬请求权不得放弃。其仅可以事先让与集体管理组织并仅可以通过该集体管理组织主张。该规定不妨碍广播组织的集体协议、企业协议及共同报酬规则，但以由此为每次有线继续广播给予作者适当的报酬为限。

---

❶ 有线继续广播权属于作者享有的以无体的形式利用作品的排他权利（第15条第2款）。他人有线继续广播作品的，需经作者同意并支付报酬。但是，作者的基于授予使用权（第31条第1款）而产生的约定的支付报酬请求权在实践中通常会落空：广播组织、录音载体制作者或电影制作者等邻接权人在与作者签订使用权授予合同时（第31条第1款），为了增强其产品的流通性，通常尽量取得排他使用权（第31条第3款），并且要求作者"放弃"参与分享因继续广播而获得的收益。在市场中处于弱势方的作者通常也会答应这些条件。为此，第20b条第2款第1句为作者规定了支付报酬请求权。并且在第2句规定，不得放弃该法定的支付报酬请求权。因而即使作者在与邻接权人的使用权授予合同中"放弃"约定的支付报酬请求权，但根据第20b条第2款第1句，其仍享有法定的报酬请求权，并且该请求权不得放弃。这属于法律的强行规定，是对意思自治及合同自由原则的干涉。这种法定的支付报酬请求权与有线继续广播权相比较，其只具有积极权能，即只能请求相对人支付报酬，而不具有消极权能，不能依此禁止他人有线继续广播。因而只是一种相对权，而不属于绝对权。从性质上来说，该法定的支付报酬请求权不属于第15条规定的利用权，而是债法意义的请求权，因而其不受第29条的规制并可以转让。但根据第20b条第2款第3句，其事先即在产生之前只能让与集体管理组织，以避免广播组织、录音载体制作者或电影制作者在签订合同时要求让与给他。而在产生之后，则不会产生让与给广播组织、录音载体制作者或电影制作者的问题，因为基于实践的可操作性，根据第20b条第2款第3句，该请求权仅可以通过集体管理组织主张。

负支付报酬义务的是进行有线继续广播的有线机构，而不是广播组织、录音载体制作者或电影制作者。因为这样有利于为作者参与分享因有线继续广播而获得的收益提供更强的保证，而如果将广播组织、录音载体制作者或电影制作者作为支付报酬请求权的相对人，反而可能会增加其在合同签订过程中的谈判力量并赋予其完全控制产品的全部收益状况的可能性。（转下页）

第 21 条　录音录像载体再现权❶

录音录像载体再现权是指通过录像或录音载体❷使作品的朗诵或演出❸可公开感知❹的权利。准用第 19 条

（接上页）由于其他条文的指引适用，第 20b 条第 1 款的"有线继续广播权统一行使"之强制规定与第 2 款的法定报酬请求权，除了适用于作者之外，还适用于科学版本的整理人（第 70 条第 1 款）、遗留作品的编者或公开再现的行为人（第 71 条第 1 款第 1 句）、表演者（第 77 条第 2 款第 2 句）、电影制作者（第 94 条第 4 款）及活动照片的制作者（第 95 条结合第 94 条第 4 款）。

❶　第 19 条规定的朗诵权、演出权与放映权、第 19a 条规定的网络传播权及第 20 条规定的广播权被称为"第一次利用权"，而第 21 条规定的录音录像载体再现权与第 22 条规定的广播与网络传播的再现权被称为"第二次利用权"。立法者在立法理由中指出，第二次利用权是指"对保留于作者的但已经进行了作品利用的权利"（见 AmtlBegr. UFITA 45［1965］240／261）。例如录音录像载体再现是对保留于作者的但已经进行了作品利用形式的朗诵或演出的权利，而广播与网络作品的再现权是对保留于作者的但已经进行了作品利用形式的广播或以网络传播为基础的再现的权利。当然，所谓的"第一次利用权"与"第二次利用权"是相对的。例如，第 19 条第 4 款规定的放映权在通过幻灯片放映的情况下，也是以制作幻灯片这一复制行为（第 16 条第 1 款）为基础；第 20 条规定的广播权也是以制作录音录像载体（第 16 条第 2 款）、公开朗诵或演出（第 19 条第 1 款与第 2 款）为基础，在这种情况下其也是"第二次利用权"，但相对于第 22 条规定的通过屏幕、扩音器或类似技术设备使作品的广播可公开感知这一情形，其又是"第一次利用权"。

对录音录像载体再现权的限制见第 45 条第 3 款、第 48 条第 1 款、第 49 条、第 50 条、第 51 条、第 52 条、第 56 条、第 57 条及第 59 条第 1 款。

❷　关于"录音录像载体"，见第 16 条第 2 款。

❸　这里的"朗诵"与"演出"可以是公开的，也可以是不公开的，例如在录音室进行朗诵与演出，以录制于录音录像载体。而第 19 条第 1 款与第 2 款规定的朗诵权与演出权中的"朗诵"与"演出"必须是公开的，以公众为对象。这里的作品指语言作品（朗诵）、音乐作品（音乐演出）及歌剧、戏剧与哑剧作品等（舞台演出）。

❹　虽然作品的"朗诵"与"演出"可以是不公开的，但通过录音录像载体再现作品的"朗诵"与"演出"必须是公开的。私人观听 （转下页）

第 3 款❶。

第 22 条 广播与网络传播的再现权❷

广播与网络传播的再现权是指通过屏幕、扩音器或类似技术设备使作品的广播与作品的以网络传播为基础的再现❸可公开感知❹的权利。准用第 19 条第 3

（接上页）录音录像载体不属于录音录像载体再现权的范畴。"公开再现"的判断，见第 15 条第 3 款。对于这里的"公开再现"，公众无场地与时间的选择自由，只能在同一场地与同一时间"感知"作品内容（见 BGHZ 123，152 - Verteileranlage），例如在餐饮及购物场所播放背景音乐。在宾馆客房中客人可以自由选择录像带进行播放，则不属这种情况，因为客人（公众成员）不是在同一场地共同观看。而在"广播"（第 20 条）中，公众可以自由选择地点；在"网络传播"（第 19a 条）中，公众可以自由选择地点与时间。此外，通过录音录像载体再现作品的"朗诵"与"演出"必须能使公众"感知"。正如第 21 页注释❶所指出的，朗诵与音乐演出是使人通过听觉能够听取，因而通过只有画面而没有声音的录像载体再现朗诵与音乐演出的，不构成这里的通过录音录像载体的再现。

❶ 因而在朗诵或演出通过录音录像载体而获得再现的场地之外通过屏幕、扩音器或类似技术设备使朗诵与演出可公开感知的，也归属于录音录像载体再现权，也需经作者同意。根据第 37 条第 3 款，作者授予他人公开再现（包括通过录音录像载体再现作品的朗诵或演出）作品的使用权的，有疑义时，该他人无权在再现（包括通过录音录像载体再现作品的朗诵或演出）所确定的活动场地之外通过屏幕、扩音器或类似技术设备使该再现（包括通过录音录像载体再现作品的朗诵或演出）可公开感知。

❷ 广播与网络传播的再现权作为"第二次利用权"的性质及限制参见第 27 页注释❶。

❸ "作品的基于网络传播的再现"是指被上传网络的作品如音乐或电影作品被提取以后进行播放。

❹ 通过屏幕、扩音器或类似技术设备再现作品的广播与作品的以网络传播为基础的再现必须是公开的。私人接收广播电视节目等不属于广播与网络传播的再现权的范畴。"公开再现"的判断，见第 15 条第 3 款。对于这里的"公开再现"，公众无场地与时间的选择自由，只能在同（转下页）

款❶。

第23条 演绎与改变

对作品的演绎或其他改变❷，仅在经被演绎或被改变作品的作者允许❸的情况下，才可以予以发表或利用。涉及将作品改拍成电影，美术作品的平面图与草图的实施，建筑艺术作品的仿造，或数据库作品的演绎或改变，演绎或改变的制作就需经作者的允许。

第24条 自由使用

1. 自由使用他人作品创作的独立作品，不经被使用

（接上页）一场地与同一时间"感知"作品内容（见 BGH GRUR 1996，876 - Zweibettzimmer im Krankenhaus），例如在医院放置广播电视设备接收广播电视节目。而在"广播"（第20条）中，公众可以自由选择地点；在"网络传播"（第19a条）中，公众可以自由选择地点与时间。此外，通过屏幕、扩音器或类似技术设备再现作品的广播与作品的以网络传播为基础的再现必须能使公众"感知"。

❶ 参见第21页注释❷。

❷ 此处译为"改变"，而不是"改编"是因为：涉及与我国著作权法的对接问题。根据我国《著作权法》第10条第1款第14项，所谓改编权，指改变作品，创作出具有独创性的新作品的权利。这里指的是将小说改编成电影剧本等。同时也可以看出，在我国《著作权法》中，"改变"是"改编"的上位概念。而根据德国著作权法第3条，演绎包括翻译和其他演绎方式。其他演绎方式包括将小说改拍成电影（改编权）、注释、整理等。也就是说，德国著作权法第3条规定的演绎权包括我国《著作权法》第10条第1款第14项的改编权、第15项的翻译权及第12条的注释权、整理权。德国著作权法第23条规定"对作品的演绎或其他改变"，从中可以看出，"改变"包含了"演绎"，除了演绎之外，还有其他改变，如对油画的放大或缩小，对作品的数字化等。因而"改变"的范围比"演绎"大，"演绎"的范围又比"改编"大。

❸ 根据德国《民法典》第183条，"允许"（Einwilligung）是指事前的同意（Zustimmung）。与之对应的是第184条第1款规定的"追认"（Genehmigung），即事后的同意。

作品的作者同意而可以发表与利用❶。

2. 第 1 款不适用于对音乐作品的此种使用，即通过该使用明显地引用了该音乐作品的曲并作为新作品的基础。

第四节　作者的其他权利❷

第 25 条　取得作品件

1. 作者可以请求其作品原件或复制件的占有人，使

---

❶　自由使用与第 3 条及第 23 条规定的演绎的区别在于，前者只是将他人作品作为自己创作作品的诱发因素，被使用作品的独创性在新创作作品的独创性中处于边缘地位；而被演绎的作品在演绎作品中居于主导地位，二者具有同样的内核。相对而言，自由使用比演绎更具有独创性。因而自由使用不需要经被使用作品的作者的同意，而根据第 23 条仅经被演绎作品的作者的同意，才可以发表与利用演绎作品。一般将一种艺术形式转换成另一种艺术形式，如将诗歌的内容（侧重于概念思维）通过绘画的形式（侧重于视觉）再现，属于自由使用。在同一种艺术形式之间，例如续写小说（文学作品），属于演绎（见 BGHZ 141，267）。在不同的作品类型之间，如将小说改拍成电影，因为二者都侧重于概念思维，所以也属于演绎。

❷　第四章第四节规定的"其他权利"并不是第四章第二节规定的"著作人格权"与第三节规定的"利用权"之外的另一独立类型的著作权。其中，取得作品件的权利（第 25 条）属于著作人格权，后续权（第 26 条）及对出租与出借的支付报酬请求权（第 27 条）属于利用权。只是这些权利与第二节及第三节规定的发表权、复制权及发行权等各具体的著作财产权及利用权相比较，后者属于排他权利，不仅具有积极的权能，即作者可以行使这些权利；而且具有消极的权能，即禁止其他人享有这些权利；而前者不属于排他权利，只具有积极权能，而不具有消极权能。例如，根据取得作品件的权利（第 25 条），作者只可以请求作品原件或复制件的占有人，使作者可以取得该原件或复制件，但不能禁止其他人也请求作品原件或复制件的占有人以取得该原件或复制件。根据后续权（第 26 条）与对出租与出借的支付报酬请求权（第 27 条），作者只有权请求支付报酬，而不得对转让、出租及出借予以禁止。

作者可以取得原件或复制件，但以该取得为制作复制件
或演绎作品所必要且不妨碍占有人的合法利益为限。

2. 占有人不负返还作者原件或复制件的义务。

第 26 条　后续权❶

1. 继续转让美术或摄影作品的原件的，且艺术品交

---

❶　美术或摄影作品的原件经作者同意而转让之后，根据第 17 条第 2
款，除出租权之外的发行权穷竭，因而无需再经作者同意可以继续转让该
原件，也无需再向作者支付报酬。但这样对于美术或摄影作品的作者显失
公平，因为一方面美术或摄影作品的价值往往集中于原件，不像语言作品
或音乐作品通过复制件（书籍或录音录像载体）作者也能获得回报；另一
方面，实践中作者转让美术或摄影作品时，通常还未成名，迫于生计而以
较低价格转让了作品原件。在成名之后其作品也随之增值，受让人继续转
让时也能获得较高的价格。这并非因为受让人作出了某种投入，而是基于
作者的成名。为了补偿作者，第 26 条规定作者享有后续权（支付报酬请求
权），即继续转让美术或摄影作品的，转让人应从转让收益中支付给作者一
定的份额。不过，第 26 条规定的支付报酬请求权，并不以作品增值为前
提。例如，作者转让给受让人的价格为 40 000 欧元，即使受让人以 30 000
欧元的价格继续转让的，也需要支付作者相应的份额。

这种法定的支付报酬请求权与美术或摄影作品作者基于作品而享有的
发行权相比较，其只具有积极权能，即只能请求相对人支付报酬，而不具
有消极权能，不能依此禁止他人转让作品的原件。因而只是一种相对权，
而不属于绝对权。作品的原件尚未首次合法发行的，包含转让权在内的发
行权并未穷竭，因而要转让给他人的，既需向作者支付报酬，也需经作者
同意。此外，为了保护处于市场弱势方的作者，第 26 条第 3 款规定，后续
权不可转让，作者也不可以事先放弃其份额，以避免作者为了能卖出其作
品，在签订转让合同时接受受让人提出的将法定的支付报酬请求权转让给
受让人或放弃继续转让中应支付给作者的份额的条件。这属于法律的强行
规定，是对意思自治及合同自由原则的干涉。这种法定的支付报酬请求权
与基于发行权而享有的支付报酬权相比较，后者可以放弃（例如赠与），而
前者不管如何都不得放弃。

并不是对于美术或摄影作品的所有继续转让，都需要支付作　（转下页）

易商或拍卖商作为受让人、转让人或中介人参与转让的，转让人应支付作者转让收益份额。不含税的转让价视为第1句意义的转让收益。转让人为私人的，作为受让人或中介人参与转让的艺术品交易商或拍卖商在转让人之外作为连带债务人负责任；在相互关系中仅转让人负该义务❶。转让收益少于400欧元的，第1句规定的义务消灭。

    2. 该转让收益份额的额度为❷：

（接上页）者报酬，而只限于"艺术品交易商或拍卖商作为受让人、转让人或中介人参与转让"的情形（第26条第1款第1句）。在私人转让给私人的"私人交易"的情形中，不需要支付作者报酬。此外，根据德国著作权法的地域效力范围，只对于发生于德国境内的交易需要支付作者报酬（见BGH ZUM 1995, 133-Folgerecht bei Auslandsbezug）。由于国际范围内法律的差异，这可能给德国带来不利影响。也因为这一原因，在欧盟范围内协调后续权之规定特别困难，尤其是英国担心如果引入后续权可能会减弱伦敦这一世界艺术品拍卖中心的吸引力，从而导致转向纽约或瑞士。因而虽然经过长期协商达成了2001年9月27日的2001/84/EG号《欧盟后续权指令》，但其转化期限被异乎寻常地推迟到2006年1月1日，且为英国规定了至2012年1月1日的过渡期限。此外，英国规定后续权仅限于未死亡的作者，从而大大缩减了后续权的适用范围（见Schack, Urheber- und Urhebervertragsrecht, Mohr Siebeck Verlag, 2010, 5. Auflage, S. 241）。

❶ 即在外部关系中，作为受让人或中介人参与转让的艺术品交易商或拍卖商与私人转让人为连带债务人，向作者负从转让收益中支付作者一定份额的义务。而在内部的相互关系中，仅转让人负支付义务。在作为受让人或中介人参与转让的艺术品交易商或拍卖商向作者支付之后，可以请求转让人偿还。

❷ 支付给作者的转让收益份额不是将转让收益作为一个整体的基数再乘以一个百分率，而是需要将该转让收益分为几个部分，再乘以相对应的百分率。例如，转让收益为150 000欧元，则支付给作者的转让收益份额不是：150 000×3%＝4 500（欧元）；而是需要将该转让收益150 000欧元分为"50 000欧元"与"50 000.01欧元至200 000欧元"两个部分，对于"50 000欧元"部分适用4%的百分率（第26条第2款第1句（转下页）

（1）转让收益中至 50 000 欧元部分的 4％；

（2）转让收益中 50 000.01 欧元至 200 000 欧元部分的 3％；

（3）转让收益中 200 000.01 欧元至 350 000 欧元部分的 1％；

（4）转让收益中 350 000.01 欧元至 500 000 欧元部分的 0.5％；

（5）转让收益中超过 500 000 欧元部分的 0.25％。

从一次继续转让中获得的后续权报酬的总额度最高为 12 500 欧元。

3. 后续权不可转让。作者不可以事先放弃其份额。

4. 作者可以请求艺术品交易商或拍卖商提供关于在请求提供信息之前的最近 3 年内作者的哪些作品原件在艺术品交易商或拍卖商的参与下被继续转让的信息。

5. 作者可以请求艺术品交易商或拍卖商提供关于转让人的姓名与通信地址及转让收益额的信息，但以为实现对转让人的请求权所必要为限。艺术品交易商或拍卖商支付了作者份额的，其可以拒绝提供关于转让人的姓名与通信地址的信息。

6. 第 4 款与第 5 款规定的请求权❶仅可以通过集体

（接上页）第 1 项），而对于"50 000.01 欧元至 200 000 欧元"部分适用 3％的百分率（第 26 条第 2 款第 1 句第 2 项），则支付给作者的转让收益份额是：50 000×4％＋100 000×3％＝5 000（欧元）。

❶ 第 4 款与第 5 款规定的请求权为信息提供请求权，其作为辅助手段旨在为获得实现主请求权即第 1 款第 1 句规定的支付报酬请求权所必要的信息，旨在有利于主请求权的实现。在这里，信息提供请求权的义务人是艺术品交易商或拍卖商。

管理组织主张。

7. 对根据第 4 款或第 5 款提供的信息的准确性与完整性存在合理怀疑的，集体管理组织可以请求，根据负提供信息义务的人的选择，准许集体管理组织或由负提供信息义务的人确定的会计师或宣誓的审计师，在为确认信息的准确性或完整性所必要的限度内，查阅商业账簿或其他证明文件。信息被证明为不准确或不完整的，负提供信息义务的人必须偿还审查费用。

8. 上述规定不适用于建筑与实用艺术作品❶。

第 27 条　对出租与出借的报酬❷

---

❶　在建筑作品如住房与实用艺术作品如家具或餐具中，实物的实用目的居于主要地位，它们的增值很少归因于艺术价值，而是房地产或原材料市场变动的结果，因而继续转让建筑与实用艺术作品的，不需要向作者支付报酬。

❷　根据第 17 条第 2 款，作品的原件或复制件经有权发行的人（如作者或邻接权人）同意而以转让的方式首次发行之后，除出租权之外的发行权穷竭，因而无需再经作者同意可以以出借的方式继续发行该原件或复制件，也无需再向作者支付报酬。但作者会因此而失去潜在的收益，特别是通过向公众开放的设施如图书馆出借的情况下，大量最终消费者可能会选择以借书代替买书。为了补偿作者，第 27 条第 2 款规定作者享有支付报酬请求权。这种法定的支付报酬请求权与出借权相比较，其只具有积极权能，即只能请求相对人支付报酬，而不具有消极权能，不能依此禁止他人出借作品的原件或复制件。因而只是一种相对权，而不属于绝对权。作品的原件或复制件尚未首次合法发行的，包含出借权在内的发行权并未穷竭，因而要出借给他人的，既需向作者支付报酬，也需经作者同意。此外，虽然向公众开放的设施如图书馆需要向作者支付报酬，但由于这些设施旨在实现公共利益，承担的是公共任务，所以实际上由政府承担支付义务。通常由联邦或各州与著作权集体管理组织签订一个总合同，联邦或各州每年向集体管理组织支付一笔总括性的金额。当然，政府财政来源于税 （转下页）

（接上页）收，所以最终还是由消费者承担了支付报酬的义务。

作者对出租所享有的支付报酬请求权，则是另一种情况。根据第 17 条第 2 款，作品的原件或复制件经有权发行的人（如作者或邻接权人）同意而以转让的方式首次发行之后，发行权穷竭，但出租权并不穷竭。在作品的原件或复制件首次合法发行之后，再继续以出租的方式发行的，还需经作者同意并支付报酬。因而本来没有必要在第 27 条第 1 款再为作者规定支付报酬请求权。但是，作者的基于出租权而产生的支付报酬请求权在实践中通常会落空：出版者及录音录像制作者等邻接权人在与作者签订使用权授予合同时（第 31 条第 1 款），为了增强其产品的流通性，通常尽量取得排他使用权（第 31 条第 3 款），并且要求作者"放弃"出租权，即"放弃"对产品（作品的原件或复制件）首次合法发行之后的继续出租的控制，因而也不能参与分享因继续出租而获得的收益。在市场中处于弱势方的作者通常也会答应这些条件（见 AmtlBegr. Zum UrhGÄndG, BT-Drucks, 13 / 115，S. 7）。为此，第 27 条第 1 款为作者规定了支付报酬请求权。并且在第 27 条第 1 款第 2 句规定，不得放弃该法定的支付报酬请求权。因而即使作者在与邻接权人的使用权授予合同中"放弃"出租权及其包含的支付报酬请求权，但根据第 27 条第 1 款，其仍享有法定的报酬请求权，并且该请求权不得放弃。这属于法律的强行规定，是对意思自治及合同自由原则的干涉。也由于这个原因，第 27 条第 1 款将对出租所享有的支付报酬请求权仅限于录音录像载体，因为实践经验表明，录音录像载体的出租比较常见，而图书等的出租则比较少见，因而没必要扩大该强行规定的适用范围（见 AmtlBegr. Zum UrhGÄndG, BT-Drucks, 13 / 115, S. 14）。这种法定的支付报酬请求权与出租权相比较，其只具有积极权能，即只能请求相对人支付报酬，而不具有消极权能，不能依此禁止他人出租作品的原件或复制件。因而只是一种相对权，而不属于绝对权。从性质上来说，该法定的支付报酬请求权是债法意义的请求权，因而其不受第 29 条的规制并可以转让。但根据第 27 条第 1 款第 3 句，其事先即在产生之前只能让与集体管理组织，以避免录音录像载体的制作者在签订合同时要求让与。而在产生之后，则不会产生让与给录音录像载体的制作者的问题，因为根据第 27 条第 3 款，该请求权仅可以通过集体管理组织主张。不管作品的原件或复制件是否已合法发行，出租权都不会穷竭，因而要出租给他人的，既需向作者支付报酬，也需经作者同意，但在实践中，作者可能会被迫放弃参与因出租获得的收益；而法定的支付报酬请求权不管如何都不得放弃。　　（转下页）

1. 即使作者已将对录音录像载体❶的出租权（第17条）授予录音载体制作者或电影制作者，出租人❷仍应为出租向支付作者适当的报酬。支付报酬请求权不得放弃。其仅可以事先让与集体管理组织。

2. 作品的原件或复制件通过向公众❸开放的设施（图书馆，音像载体或其他原件或复制件的陈列馆）出借的，对于根据第17条第2款准许继续发行的作品的原件或复制件的出借，应支付作者适当的报酬❹。第1句意

（接上页）由于其他条文指引适用第27条第1款与第2款，因而对出租享有支付报酬请求权的主体除作者之外，还有科学版本的整理人（第70条第1款）、遗留作品的编者或公开再现的行为人（第71条第1款第3句）、照片的拍摄者（第72条第1款）及表演者（第77条第2款第2句）；对出借享有支付报酬请求权的主体除作者之外，还有科学版本的整理人（第70条第1款）、遗留作品的编者或公开再现的行为人（第71条第1款第3句）、照片的拍摄者（第72条第1款）、表演者（第77条第2款第2句）、数据库制作者（第87b条第2款）、录音载体制作者（第85条第4款）及电影制作者（第94条第4款）。

基于实践的可操作性，第27条第3款规定，对出租与出借的支付报酬请求权仅可以通过集体管理组织主张。

❶ 关于"录音录像载体"，见第16条第2款。

❷ 负支付报酬义务的是出租人，而不是录音录像载体的制作者。因为这样有利于为作者参与分享因出租而获得的收益提供更强的保证，而如果将录音录像载体的制作者作为支付报酬请求权的相对人，反而可能会增加其在合同签订过程中的谈判力量并赋予其完全控制产品的全部收益状况的可能性（见 AmtlBegr. Zum UrhGÄndG，BT-Drucks，13 / 115，S. 14）。

❸ 对于"公众"，根据第15条第3款判断。

❹ 出借属于发行的方式之一。根据第17条第2款，发行权在作品的原件或复制件首次合法销售而用尽，可以不经作者同意而继续发行（出借）。但根据第27条第2款第1句，通过向公众开放的设施（图书馆，音像载体或其他原件或复制件的陈列馆）出借的，应支付作者适当的报酬。即尽管发行权已用尽，但作者仍享有支付报酬请求权。

义的出借是指受时间限制的既非直接又非间接以营利为目的的交付使用；准用第 17 条第 3 款第 2 句。

3. 第 1 款、第 2 款规定的支付报酬请求权仅可以通过集体管理组织主张。

第五章　著作权中的权利转移

第一节　著作权中的权利继受

第 28 条　著作权的继承❶

1. 著作权可以继承。

---

❶　根据第 28 条第 1 款，著作权是可继承的，因而作者可通过死因处分即遗嘱（一方的死因处分，德国《民法典》第 1937 条：被继承人可以以一方的死因处分指定继承人）或继承合同（双方的死因处分，德国《民法典》第 1941 条第 1 款：被继承人可以以合同指定继承人以及指示遗赠与负担），将著作权指定给继承人或受遗赠人。根据以"一元论"（见第 12 页注释❷）为理论基础的第 30 条，作为权利继受人的继承人或受遗赠人代替作者的位置，享有著作权。权利继受人享有的著作权既包括著作财产权（利用权及法定的支付报酬请求权），也包括著作人格权。权利继受人作为新的著作权所有人，可以行使发表权（第 12 条），决定是否发表作品，即使作者生前声明对作品不予以发表；可以决定，是否在作品上标记作者及使用何种标记（第 13 条，当然其不能将自己署名为作者，因为其只是著作权的所有人而不是作者）。而在奉行"二元论"（见第 12 页注释❷）的法国（法国《知识产权法典》L. 121-1）及意大利（意大利《著作权法》第 23 条），权利继受人获得的只是著作财产权，而著作人格权不能通过继承或遗赠的方式由继承人或受遗赠人获得，仍保留于作者，由其亲属维护。在德国，一般人格权（一般人格权是由德国司法判例根据《民法典》第 823 条第 1 款规定的"其他权利"发展而来的一种权利。《民法典》第 823 条（转下页）

2. 作者可以通过终意处分❶将著作权的行使托付给遗嘱执行人。不适用《民法典》第 2210 条❷。

第 29 条 关于著作权的法律行为

1. 著作权不可转让❸，但其在履行死因处分中被转

（接上页）"损害赔偿义务"第 1 款：故意或有过失地不法侵害他人的生命、身体、健康、自由、所有权或其他权利的，负有向该他人赔偿因此而发生的损害的义务。引自：德国民法典［M］. 陈卫佐，译．北京：法律出版社，2006：306）也不是由继承人而是由近亲属维护（Schack GRUR 1985，360 f.）。而著作权统一转移于权利继受人，可以避免出现"分裂"了的著作权，权利继受人在行使财产权（自己利用作品或授予第三人以使用权）时不需要担心因作者的亲属行使著作人格权而受到阻碍。

但是，在邻接权领域，却出现了"分裂"了的权利：根据第 76 条第 4 句，作为邻接权人的表演者所享有的人格权即请求承认表演者身份的权利（第 74 条）及禁止损害表演的权利（第 75 条），在表演者死亡之后归其亲属（第 60 条第 2 款）所有；而表演者享有的财产权（第 77 条与第 78 条第 1 款规定的利用权及第 78 条规定的支付报酬请求权）根据《民法典》第 1922 条第 1 款（"某人死亡时，其财产作为总体转移给一个或一个以上的他人"）转移于继承人。

❶ 根据德国《民法典》第 1937 条，终意处分（letztwillige Verfügung）为遗嘱的别称，即一方的死因处分。

❷ 根据德国《民法典》第 2210 条，自继承开始时起已经过 30 年的，遗嘱执行不发生效力。而根据著作权法第 64 条，著作权在作者死亡之后 70 年才消灭，因而对于第 28 条第 2 款第 1 句规定的遗嘱执行不适用《民法典》第 2210 条。

❸ 在奉行"二元论"的国家（如法国及意大利等），认为组成著作权的著作人格权与著作财产权是可以分离的，其中著作人格权不可转让，而著作财产权可以转让。在德国，虽然也认为著作权包括著作人格权与著作财产权两部分，但是其奉行"一元论"，认为这两部分不可分离。欧根·乌尔默（Eugen Ulmer）以"树状图"描绘了"一元论"之下的著作权：人格利益与财产利益为著作权的树根，著作权作为一项统一的权利为树干，而各项具体的权限（如发表权、复制权、发行权及展览权等）为树枝，它们可能从两个树根吸收养分（如发表权既具有人格利益也具有财产 （转下页）

让❶或在遗产分割中被转让给共同继承人❷的除外。
  2. 准许授予使用权❸（第 31 条）、对利用权的债法

（接上页）利益），也可能主要从其中的一个树根吸收养分（见 Ulmer，Urheber- und Verlagsrecht，3. Auflage，1980，S. 110）。既然著作权是由不可分离的人格权与财产权组成的统一权利，由于其中的人格权因素，所以原则上著作权不可转让（第 29 条第 1 款）。不可转让的既包括统一的著作权，也包括著作人格权及著作财产权，及各具体权限（如发表权、复制权、发行权及展览权等）。作者不能通过转让的方式实现财产利益，而只能通过自己利用，或大部分情况下通过授予他人使用权（第 31 条第 1 款，相当于许可）获得报酬（第 32 条）从而实现财产利益。即可以让他人"摘取树上的果实，但不能砍掉树枝"（见 Schack，Urheber- und Urhebervertragsrecht，Mohr Siebeck Verlag，2010，5. Auflage，S. 171）。

当然，对于"著作权不可转让"之原则也存在例外规定。例如，根据第 29 条第 1 款，著作权在履行死因处分中可被转让或在遗产分割中可被转让给共同继承人。再如，法定的支付报酬请求权（第 20b 条第 2 款第 1 句、第 26 条第 1 款第 1 句、第 27 条第 1 款第 1 句及第 54～54h 条）可以转让。但为了保护作者利益，著作权法规定其不得转让或仅可以事先转让给著作权集体管理组织（第 20b 条第 2 款第 3 句、第 26 条第 3 款第 1 句、第 27 条第 1 款第 3 句及第 63a 条第 2 句）。

从"一元论"及"著作权不可转让"之原则也可以推导出"著作权不可放弃"原则（见 Schack，Urheber- und Urhebervertragsrecht，Mohr Siebeck Verlag，2010，5. Auflage，S. 173）。但对该原则也存在例外规定。例如，根据第 8 条第 4 款，共同作者可以放弃其利用权中的份额。再如，法定的支付报酬请求权可以放弃。但为了保护作者利益，著作权法规定其不得事先放弃（第 20b 条第 2 款第 2 句、第 26 条第 3 款第 2 句、第 27 条第 1 款第 2 句及第 63a 条第 1 句）。

❶ 例如在继承合同这一死因处分中指示了遗赠的，则著作权作为遗赠的标的首先转移于继承人，再由继承人转让于受遗赠人（《民法典》第 2174 条）。

❷ 在遗产分割中，共同继承人可以协商将著作权转让给其中的一个或多个共同继承人。但只能在共同继承人的范围内转让，而不能转让于共同继承人之外的人（见 Schricker / Loewenheim，Urheberrecht，C. H. Beck Verlag，2010，4. Auflage，§ 29 Rn. 20）。

❸ 见第 31 条及第 41 页注释❷。

上的同意与协议❶及第 39 条规定的关于著作人格权的法律行为❷。

---

❶ "对利用权的债法上的同意与协议"与前面的"授予使用权"相对应。通过对利用权进行的债法上的同意与协议所获得的债法上的权利，只对协议的当事人有效，而对第三人例如与作者签订了其他协议的当事人或侵害著作权的人不发生效力，因而不受第 33 条规定的"更替保护"。而所授予的使用权，不仅在协议的当事人之间有效，而且对第三人也有效，即具有所谓的"物"或"准物"的效力（见 Dreier / Schulze，Kommentar zum UrhG，Verlag C. H. Beck，2008，3. Auflage，§ 31 Rn. 7）。事后同意侵权的使用人的行为，例如准许在一定期限内发行事本是非法制作的复制件，属于对利用权的债法上的同意，使用人获得的只是不具有对抗第三人之效力的债法上的权利（见 Schricker / Loewenheim，Urheberrecht，C. H. Beck Verlag，2010，4. Auflage，vor § 28 Rn. 57）。只是达成了关于某人能行使使用权的协议，而没有具体规定使用方式，属于对利用权的债法上的协议，使用人获得的只是不具有对抗第三人之效力的债法上的权利（见 BGH GRUR 1992，311‐Taschenbuch‐Lizenz）；而非获得使用权，因为在使用权的授予中，必须涉及根据交易观念能充分清楚界定的、从经济及技术角度来看是统一的独立的使用方式（见 BGH GRUR 2001，154‐OEM‐Version），如复制、发行、展览或改拍电影等，即必须是"特定物"，才具有对抗第三人的"物"或"准物"的效力。

❷ 著作权不可转让之原则也适用于著作人格权及各具体权限，如发表权（第 12 条）、请求承认作者身份的权利（第 13 条）及禁止歪曲作品的权利（第 14 条）。但在某些情况下可以通过法律行为对著作人格权进行处分，以准许他人行使。例如，结合使用权的授予可以准许使用权的所有人首次发表作品；在他人对作品进行特定使用的情况下可以不署作者之名；规定在具体情形中可以修改作品。根据第 29 条第 2 款，准许第 39 条规定的关于著作人格权的法律行为。而第 39 条涉及的是禁止作品的修改（属于第 14 条规定禁止歪曲作品的权利），因而第 29 条第 2 款准许的只是关于著作人格权中与决定作品之修改的法律行为，而未涉及发表权与请求承认作者身份的权利。第 39 条第 1 款"无其他约定时，使用权的所有人不得修改作品、作品标题或作者标记"之规定表明，作者与使用权的所有人可以通过法律行为约定，由使用权的所有人修改作品、作品标题或作者标记。

第30条 作者的权利继受人

作者的权利继受人享有作者根据本法而享有的权利，但以无其他规定为限❶。

第二节 使用权❷

第31条 使用权的授予

1. 作者可以授予他人以个别的或全部的使用方式使

---

❶ 例如，根据第31a条第1款，作者据以将对未知的使用方式的权利授予他人或使自己有义务将对未知的使用方式的权利授予他人的，作者可以撤回该种权利授予或义务；但根据第31a条第2款第3句，撤回权随作者的死亡而消灭，因而权利继受人并非如同作者一样也享有这种撤回权。根据第42条第1款第2句，作者的权利继受人只有在证明作者在死亡之前本有权召回而受阻于声明召回，或证明作者已终意处分召回使用权时，才可声明召回。根据第115条第1款第1句，仅经作者的权利继受人允许且仅当作者的权利继受人能授予使用权（第31条）时，才可对作者的权利继受人因为金钱债权就著作权实施强制执行。根据第116条第1款，仅经作者的权利继受人允许，才可对作者的权利继受人因为金钱债权就属于该权利继受人的作者作品原件实施强制执行。

❷ 德国《著作权法》中存在"利用权"（Verwertungsrechte）与"使用权"（Nutzungsrechte）两个不同的概念。利用权是著作权所有人（作者或其权利继受人）享有的排他性的著作财产权（第15条以下），其不可转让（第29条第1款），但可以授予他人。该他人获得的使用作品的权利称为使用权（第31条第1款第1句）。与著作权所有人（作者或其权利继受人）享有的利用权不同，使用人享有的使用权可以转让（第34条第1款第1句）；使用权可以是排他性的（排他使用权，第31条第3款），也可以是非排他性的（普通使用权，第31条第2款）。不过，利用权与使用权在内容上是一致的，都是对作品的利用（使用）如复制、发行、展览、朗诵、演出及广播等，使用权是以利用权这一"母权利"为基础而产生 （转下页）

用作品的权利（使用权）。使用权可以作为普通的或排他的权利在地域、时间及内容方面受限制地被授予。

2. 普通使用权使所有人有权以被准许的方式使用作品，但不排除他人的使用。

3. 排他使用权使所有人有权以其被准许的方式使用作品及授予使用权，并排除他人使用及授权。可以约定保留作者的使用。第 35 条不受影响❶。

4.（已废除）

5. 在授予使用权时未具体单个地指明使用方式的，以双方当事人的合同目标为基础确定包含哪些使用方式❷。

（接上页）的"子权利"。德国著作权法中的"使用权"实际上就是国际上及其他绝大部分国家所说的"许可"（Lizenz）。德国《专利法》（第 15 条）、《商标法》（第 30 条）及《著作权法》的实践中也使用"许可"这个概念。德国《著作权法》中之所以要使用"利用权"与"使用权"这两个不同概念，其原因是在"一元论"原则之下，作为著作权组成部分的基于作品的经济利用而产生的财产权也不可转让，为了一直告示这种始终保留于作者的财产权，因而使用了"利用权"概念。并通过"使用权"这一概念进一步宣告利用权的不可转让性，其始终保留于作者，使用人获得的只是使用权。

❶　因而即使在作者也能使用时，排他使用权的所有人在经作者同意的情况下可以再授予使用权。

❷　该规定产生的基础是原来在学术与判例中发展而来的"目标转让理论"（Zweckübertragungstheorie）。因为不同于物权可以从立法上规定其子权利如所有权、地役权、用益权、抵押权及质权等，著作权所包含的子权利的范围无法在立法上予以彻底确定，而只能由当事人在合同中通过从反面约定转让的范围限制的方式来确定权利的范围。因而在转让合同中通常会发生所转让的权利范围的争论。根据"目标转让理论"，有疑问时，推定作者只是转让为达到目标所必要的权利。在 1965 年《著作权法》修改中，一方面规定了"著作权不可转让"原则；另一方面将原来在著作权转让合同中所发展而来的解释原则作为授予使用权合同的解释原则，并上升为立法规定。因而在授予使用权合同中，有疑义时，推定作者只 （转下页）

对于是否授予使用权，是普通还是排他使用权，使用权与禁止权的范围及使用权受哪些限制，相应地适用前述规定。

第 31a 条　关于未知的使用方式的合同❶

1. 作者据以将对未知的使用方式❷的权利授予他人

（接上页）是授予为达到授予使用权合同之目标所必要的使用方式（BGHZ 137，387 - Comic - übersetzungen）。该理论旨在保护作者，以尽可能地将权利保留于作者，从而能做作其他的经济利用。有学者认为，"目标转让理论"这一术语已经过时：一方面，从语法上来说，在当时更应该称之为"转让目标理论"（übertragungszwecktheorie）；另一方面，自 1965 年之后，该理论不再适用于权利的转让，而只适用于权利的授予（许可）。因而更应该称之为"合同目标理论"（见 Rehbinder，Urheberrecht，C. H. Beck Verlag，2010，16. Auflage，S. 221 - 222）。

第 37 条、第 38 条、第 44 条及第 88 条第 2 款也是"合同目标理论"在立法中的具体体现。但是，需要注意的是，第 88 条第 1 款与第 89 条第 1 款包含与"合同目标理论"相反的有利于电影制作者而非有利于作者的解释原则（Schack，Urheber- und Urhebervertragsrecht，Mohr Siebeck Verlag，2010，5. Auflage，S. 519）。

❶ 对作品的未知的使用方式的权利，应该归属于作者所有。在 1965 年修改的《著作权法》于 1966 年 1 月 1 日生效之前，作者可以授予对未知的使用方式的权利。自 1966 年 1 月 1 日至 2007 年 12 月 31 日，根据当时生效的《著作权法》（第 31 条第 4 款）据以将对未知的使用方式的权利授予他人或使自己有义务将对未知的使用方式的权利授予他人的合同无效。自 2008 年 1 月 1 日开始，根据新的《著作权法》（第 31a 条），据以将对未知的使用方式的权利授予他人或使自己有义务将对未知的使用方式的权利授予他人的合同有效。为了保护作者利益，著作权法要求种合同为书面形式（第 31a 条第 1 款第 1 句），为作者规定了撤回权（第 31a 条第 1 款第 3 句），且撤回权不得事先放弃（31a 条第 4 款）。对于应支付给作者的报酬，见第 32c 条。

❷ 作品的"使用方式"是指根据交易观念能充分清楚界定的、从经济及技术角度来看是统一的独立的使用可能性（见 BGH GRUR 2001，154 - OEM - Version）。因而作品的为人所知的使用方式，必须是在签订合同时不仅在其技术可能性方面为人所知，而且已予以显著的经济利用 （转下页）

或使自己有义务将对未知的使用方式的权利授予他人的合同，需要作成书面形式。作者无偿地授予任何人以普通使用权的❶，不需要作成书面形式。作者可以撤回该种权利授予或义务。在另一方当事人在其最近所知的通信地址之下向作者寄出打算采用作品新的使用方式的通知之后的 3 个月届满之后，撤回权消灭。

2. 双方当事人在新的使用方式为人所知之后根据第 32c 条第 1 款就报酬达成一致的，撤回权消灭。双方当事人根据共同报酬规则就报酬达成一致的，撤回权也消灭❷。撤回权随作者的死亡而消灭❸。

3. 多项作品或作品的多个部分被合并为一个在新的使用方式中，仅使用全部作品或作品的多个部分才能合理地予以利用的整体的，作者不得违背诚实信用原则而

（接上页）（见 BGH GRUR 1986，65－GEMA－VermutungⅠ；1991，136－Videozweitauswertung）。进而言之，必须因为这种使用方式而产生了新的消费者群体。因而以新技术代替旧技术，例如作品的数字化，并不一定导致新的使用方式的产生。而以 DVD 与 CD 取代盒式录像带，则属于新的使用方式（见 BGH MMR 2005，839－Der Zauberberg）。是否已具备前述条件，不是从具体的合同当事人的角度而是从相关经济界的角度来判断。

❶ 该无偿地授予普通使用权必须是针对任何人即任意的他人，而不是限于特定的个人。例如，"开放源"软件的作者有意识地放弃了报酬以供任何人可以自由使用。

❷ 第 1 句规定的撤回权消灭的情形是双方当事人在新的使用方式为人所知之后根据第 32c 条第 1 款就报酬达成一致，而第 2 句规定的撤回权消灭的情形是双方当事人在新的使用方式为人所知之前根据共同报酬规则就报酬达成一致。关于"共同报酬规则"，见第 36 条。

❸ 只有作者享有撤回权。作者死亡之后，作为著作权所有人的权利继受人不享有撤回权。

行使撤回权❶。

4. 第1～3款规定的权利不得事先放弃❷。

第32条 合理的报酬

1. 对于授予使用权与准许使用作品❸，作者享有支付合同约定报酬的请求权。未确定报酬额度的，合理的报酬视为约定的报酬❹。以约定的报酬不合理为限，作者可以请求另一方合同当事人允许更改合同，以给作者

---

❶ 将多项作品合并为一个整体，可以构成汇编作品（第4条，如有多篇文章组成的期刊杂志），也可以是结合作品（第9条，如由词与曲组成的歌曲）；将作品的多个部分合并为一个整体，通常构成共同作品，各部分的作者为共同作者（第8条），典型的如电影作品。为了防止多项作品的各个作者或作品的多个部分的各个作者因各自行使撤回权而不能进行新的使用，对他们行使撤回权进行了限制，即不得违背诚实信用原则。该规定不适用于将同一作者的多项作品合并为一个整体的情况（如某作者的诗集或文集），因为在这种情况下该规定没有存在的必要性。

❷ 第1～3款规定的权利主要为撤回权。不得事先放弃撤回权，为法律的强行规定。双方当事人在合同中约定放弃撤回权的，该约定无效。该强行规定的目的在于保护处于弱势地位的作者，以免其受处于市场强势地位的使用人的"强迫"而答应放弃撤回权。但在"事后"即在使用方式为人所知且接到另一方当事人打算采用该新的使用方式的通知之后可以放弃撤回权。其放弃的方式是作者不行使撤回权。

❸ 对于"准许使用作品"与"授予使用权"的区别，见第40页注释❶。

❹ 作者与另一方合同当事人未约定报酬额度，或约定了但未获得确定的报酬额度的，将合理的报酬视为他们之间约定的报酬，即另一方合同当事人需要向作者支付合理的报酬。而合理的报酬，根据第2款确定。第2句与第3句规定的区别是，在前者中未约定报酬，而直接将合理的报酬视为约定的报酬，无需再请求另一方当事人允许更改合同；在后者中已约定报酬，但报酬不合理，为给作者提供合理的报酬，作者需请求另一方合同当事人允许更改合同。

提供合理的报酬❶。

2. 根据共同报酬规则（第 36 条）确定的报酬是合理的❷。此外，报酬在签订合同时与在商业交易中根据被授予的使用的性质与范围特别是使用的期限与时间，并在考虑各种情形下所提供的符合通常惯例的公正的报酬相一致的，该报酬是合理的。

3. 另一方合同当事人不得以偏离于第 1 款、第 2 款而不利于作者的协议作为依据❸。通过其他形式规避第 1

---

❶ 使用权的所有人所应支付给作者的报酬，由二者通过授予使用权的合同确定（意思自治原则）。但为了在市场中处于弱势地位的作者的权利不至于落空，第 1 款第 3 句为作者规定了支付合理报酬请求权。这是对意思自治原则的干预，属于法律的强行规定。至于报酬是否合理，根据第 2 款确定。

❷ 这属于不可辩驳地推定，推定根据共同报酬规则（第 36 条）确定的报酬是合理的报酬。

❸ 为了防止相对于作者处于经济与组织优势地位的另一方合同当事人即作品的使用人通过协议而规避法律的强行规定，从而使立法者在第 1 款规定的作者的支付合理报酬请求权落空，第 3 款第 1 句规定另一方合同当事人不得以偏离于第 1 款与第 2 款而不利于作者的协议作为依据。未确定报酬额（第 1 款第 2 句）、确定的是低的并因而不合理的报酬额（第 1 款第 3 句）、偏离了第 36 条意义的共同报酬规则（第 2 款第 1 句）、要求不考虑在签订合同时应予以考虑的情形（第 2 款第 2 句）、要求作者不得援引法律保留于其的权利如第 3 款第 1 句规定的权利及要求作者放弃支付合理报酬请求权的协议，都属于偏离于第 1 款与第 2 款而不利于作者的协议。当然，在整个授予使用权的合同中，只有偏离于第 1 款与第 2 款而不利于作者的协议不发生效力，而其他协议仍然有效（见 BT-Drucks. 14 / 8058，S. 19），因为另一方合同当事人只是不得以偏离于第 1 款与第 2 款而不利于作者的协议"作为依据"。

句所称的规定的，也必须适用第 1 句所称的规定❶。但作者可以无偿地授予任何人以普通使用权❷。

4. 为使用作品所支付的报酬已通过集体协议确定的，作者不享有第 1 款第 3 句规定的请求权❸。

第 32a 条　作者的继续分享❹

---

❶　第 1 句中的"偏离于第 1 款与第 2 款而不利于作者的协议"是作者与合同当事人之间的协议，而第 2 句中的"其他形式"主要涉及合同当事人与第三人特别是该合同当事人与被许可人之间的协议。例如，作者甲与乙签订了排他使用权合同，而乙又再授予丙以使用权（第 35 条第 1 款第 1 句），同时提供附加给付如提供打印样品供丙使用。在乙与丙的合同中，对于使用权的授予约定了非常低的报酬，对于附加给付约定了非常高的报酬，而作者甲根据合同只能从乙的使用权再授予获得报酬，因而这属于其他的规避形式。

❷　包括支付报酬请求权在内的著作权不可转让，也不可放弃。但作者可以通过无偿地授予任何人以普通使用权的方式放弃报酬。其条件是，该无偿地授予普通使用权必须是针对任何人即任意的他人，而不是限于特定的个人。例如，"开放源"软件的作者有意识地放弃报酬以供任何人可以自由使用。

❸　集体协议是由劳资双方代表签订的协议。在出版、广播及电影领域存在的以著作权为内容的集体协议主要适用于雇员作者及类似于雇员的日报自由新闻工作者等（《集体协议法》第 12a 条）。集体协议中的报酬规定与作者依著作权法享有的支付报酬请求权的关系是：前者优先于后者。因而第 32 条第 4 款规定，为使用作品所支付的报酬已通过集体协议确定的，作者不享有第 1 款第 3 句规定的请求权。

❹　第 32a 条与第 32 条的关系是：第 32 条适用于事前显示所支付的报酬为不合理报酬的情形，而第 32a 条适用于事后显示所支付的报酬为不合理报酬的情形；在第 32 条中取决于自一开始就显示出来的不合理性，而在第 32a 条中取决于事后所确定的实际的经济成果；在第 32 条中不存在第 32a 条所规定的"明显不相当"的严格要件；根据第 32 条（第 1 款第 3 句）只能请求合同当事人给作者提供合理的报酬，而根据第 32a 条（第 3 款）还可以请求第三人给作者提供合理的报酬。

1. 作者以导致约定的对待给付在考虑作者与另一方当事人的全部关系下与从使用作品获得的收益与利益❶明显不相当的条件授予另一方当事人使用权的，另一方当事人应作者的请求有义务允许更改合同，以给予作者根据情形而为合理的分享。合同双方当事人是否已经或应当预见所获得收益或利益，并不重要。

2. 另一方当事人转让了使用权或再授予了使用权，且该种明显的不相当来自第三人的收益或利益的，第三人根据第 1 款并考虑许可链中的合同关系直接对作者负责任。另一方合同当事人的责任消灭。

3. 第 1 款与第 2 款规定的请求权不得事先放弃。对这些请求权的期待权不得强制执行；对期待权的处分不发生效力❷。但作者可以无偿地授予任何人以普通

---

❶ 从使用作品所获得收益是指从使用作品所获得的未扣除生产成本、销售成本及其他成本时的毛收入；而从使用作品所获得利益是指从在企业内部经营中而非在外部市场上如在企业广告中使用作品所获得收益（见 BT-Drucks. 14 / 8058，S. 19）。

❷ 为了防止相对于作者处于经济与组织优势地位的另一方合同当事人即作品的使用人通过协议而要求作者放弃或转让其权利，第 3 款规定，对第 1 款与第 2 款规定的请求权即允许修改合同及给予合理分享的请求权不得事先放弃，对这些请求权的期待权也不得扣押（强制执行）及处分（如转让）。这是对意思自治原则的干预，属于法律的强行规定。合同中违反该规定的部分不发生效力。但在"事后"即作者请求合同当事人允许修改合同并给予合理的分享以后，作者可以放弃或转让该分享（报酬），或为该分享（报酬）设定抵押，也可在强制执行程序中对其进行扣押。

使用权❶。

4. 根据共同报酬规则（第 36 条）或通过集体协议已确定报酬且对第 1 款规定的情形具体地规定了合理的分享，作者不享有第 1 款规定的请求权❷。

第 32b 条　强行适用

存在下列情形之一时强行适用第 32 条、第 32a 条：

（1）对于授予使用合同在没有法律选择时而本可适用德国法；

（2）在本法适用的地域范围内的重要的使用行为为合同标的。

第 32c 条　*对后来所知的使用方式的报酬*

1. 另一方合同当事人根据第 31a 条采用作品的在签订合同时已约定但尚为未知的新的使用方式的，作者享有支付单独的合理的报酬的请求权。准用第 32 条第 2 款与第 4 款。另一方合同当事人应不迟延地将采用作品的

---

❶　允许修改合同及给予合理分享的请求权及对这些请求权的期待权不可放弃，也不可让与。但作者可以通过无偿地授予任何人以普通使用权的方式而放弃。其条件是，该无偿地授予普通使用权必须是针对任何人即任意的他人，而不是限于特定的个人。例如，"开放源"软件的作者有意识地放弃报酬以供任何人可以自由使用。

❷　集体协议是由劳资双方代表签订的协议。在出版、广播及电影领域存在的以著作权为内容的集体协议主要适用于雇员作者及类似于雇员的日报自由新闻工作者等（《集体协议法》第 12a 条）。集体协议中的报酬规定及共同报酬规则（第 36 条）与作者依著作权法享有的支付报酬请求权的关系是：前者优先于后者。因而第 32a 条第 4 款规定，报酬根据共同报酬规则（第 36 条）或通过集体协议已确定且对第 1 款规定的情形具体地规定了合理的分享的，作者不享有第 1 款规定的请求权。

新的使用方式通知作者。

2. 另一方合同当事人将使用权已让与第三人的，该第三人在采用作品新的使用方式时对第 1 款规定的请求权负责任。另一方合同当事人的责任消灭。

3. 第 1 款与第 2 款规定的权利不得事先放弃。但作者可以无偿地授予任何人以普通使用权。

第 33 条 使用权的继续效力❶

排他及普通使用权对后来授予的使用权有效❷。授予了使用权的权利所有人变更或放弃其权利❸的，适用同样的规定。

---

❶ 这是对使用权的"更替保护"，使其免受后来所发生的权利变动的影响。说明：指的是不受权利主体变更的影响。例如甲将房子出租给乙后再将其卖给丙，房子所有权主体变更，但出租合同仍有效，丙不能解除出租合同。再如根据著作权法第 33 条，著作权人甲与乙签订普通许可合同之后，再与丙签订了排他许可合同。本来根据排他许可，只有被许可人丙能使用，其他人不能使用。但因为乙的普通许可合同签订在前，其不受在此之后签订的排他许可合同的影响，可以继续使用。

❷ 即使是普通使用权对后来所授予的排他使用权也有效。例如作者甲先授予乙普通使用权，后来又授予丙相同使用方式的排他使用权。丙不能根据其后来授予的排他使用权禁止乙继续使用作品，而只能因为权利瑕疵而对甲主张合同上的请求权（例如损害赔偿请求权）。

❸ 授予了使用权的权利所有人的变更，有可能是著作权的所有人的变更（第 28 条第 1 款及第 29 条第 1 款），也有可能是排他使用权的所有人的变更（第 34 条第 1 款第 1 句结合第 35 条第 1 款第 1 句）；授予了使用权的权利所有人放弃其权利，只有可能是排他使用权的所有人放弃其排他使用权，而不可能是著作权的所有人放弃其著作权，因为整体的著作权不可放弃。

第34条 使用权的让与

1. 使用权仅经作者同意才能让与。作者不得违背诚实信用原则而拒绝同意。

2. 随汇编作品的使用权而让与被编入汇编作品的单个作品的使用权的，汇编作品的作者同意即已足够❶。

3. 使用权的让与发生于企业的整体出售或企业的部分出售的范围内的❷，该使用权可以不经作者同意而让与。受让人行使使用权依诚实信用原则是作者不可合理预期的，作者可以召回使用权❸。参与使用权所有人企业的分享关系发生重大改变的，也适用第2句。

4. 作者在具体个案中未明示同意让与的❹，使用权

---

❶　即让与汇编作品的使用权时，不可避免地涉及被编入汇编作品的单个作品的使用权的让与，此时只需要经汇编作品的作者即汇编者同意，而不需要再经被编入汇编作品的单个作品的作者的同意，即可让与被编入汇编作品的单个作品的使用权。但这里仅涉及对被编入汇编作品的单个作品的使用权的让与。他人利用汇编作品时，不但需经汇编者同意，而且需经被编入汇编作品的单个作品的作者同意。

❷　目前主要发生于出版社的整体出售或出版社部分业务的出售（例如出版旅游书籍）。

❸　作者不必等到企业或企业的一部分出售且受让人经营一段时间之后，而是在出售时以依诚实信用原则受让人行使使用权是作者不可合理预期为理由而召回使用权。受让人对作者的轻蔑评价、作者与受让人世界观的不同及受让人缺乏专业资质等，构成依诚实信用原则受让人行使使用权是作者不可合理预期的情形。

❹　根据第1款第1句，使用权仅经作者同意才能让与。作者的同意可以是书面同意，也可以是口头同意。后者又包括明示同意或默示同意。默示同意是指在行为人没有作出明确同意的意思表示的情况下根据其行为推定出其同意。因而根据第4款，作者在具体个案中未明示同意 （转下页）

的受让人作为连带债务人对于转让人的来自与作者签订的合同义务的履行负责任。

5. 作者不得事先放弃召回权与受让人的责任。除此之外，作者与使用权的所有人可作出其他约定。

第 35 条 使用权的再授予

1. 排他使用权的所有人仅经作者同意才能再授予使用权❶。排他使用权仅是为了维护作者利益而被授予的，无需经作者同意❷。

2. 准用第 34 条第 1 款第 2 句、第 2 款及第 5 款第 2 句中的规定。

第 36 条 共同报酬规则

1. 为确定第 32 条规定的报酬的合理性，作者团体与作品使用者团体或单个的作品使用者制订共同报酬

（接上页）让与，即在具体个案中默示同意让与，在一个总括性的合同中（第 5 款第 2 句）而不是在"个案"中同意让与，或转让人根据法律规定（第 2 款及第 3 款）而不需要作者作出意思表示而让与的，使用权的受让人作为连带债务人对于转让人的来自与作者签订的合同义务的履行负责任。

❶ 普通使用权的所有人无权再授予他人使用权，只有排他使用权的所有人有权再授予使用权。再授予的使用权可以是排他使用权，也可以是普通使用权。排他使用权的所有人即使再授予了使用权，对第三人的侵权仍然有权追究（见 BGH GRUR Int. 1993，258 f. - ALF）。

❷ 主要发生于著作权集体管理组织授予使用权的情形。作者授予著作权集体管理组织以排他使用权之后，著作权集体管理组织有义务应任何其他人的请求以合理的条件授予任何其他人以使用权（《著作权行使保障法》第 11 条）。在这种情况下无需再经作者同意。因为著作权集体管理组织对于任何其他人都存在该义务，所以其只能授予普通使用权。

规则❶。共同报酬规则应考虑各自规则领域的情形，特别是利用者的结构与规模。在集体协议中包含的规则优先于共同报酬规则❷。

2. 第 1 款意义的团体必须具有代表性、独立性并被授权制订共同报酬规则。

3. 在双方当事人约定一致时，依调解程序来制订共同报酬规则（第 36a 条）。应一方当事人的书面请求，且符合下列条件之一时，进行调解程序：

（1）另一方当事人在一方当事人书面请求开始协商之后的 3 个月内未开始协商共同报酬规则；

（2）共同报酬规则之协商在一方当事人书面请求开始协商之后的 1 年内无结果；

（3）一方当事人已宣布协商最终失败。

4. 调解处应作出载明理由的包含共同报酬规则之内容的调解建议。在受领调解建议之后的 3 个月内未书面提出异议的，调解建议视为已接受。

---

❶ 共同报酬规则仅在于解释第 32 条规定的"合理的报酬"这一不确定法律概念。由于其他规定的指引适用，不仅作者团体，而且表演者（第 79 条第 2 款第 2 句）、科学版本的整理者（第 70 条第 1 款）或摄影者（第 72 条第 1 款）也可以与作品使用者团体或单个的作品使用者制订共同报酬规则。但目前只有"德国作家协会"与 9 家出版社于 2005 年 6 月 9 日为德语纯文学作品作者制订的共同报酬规则。

❷ 集体协议是由劳资双方代表签订的协议。在出版、广播及电影领域存在的以著作权为内容的集体协议主要适用于雇员作者及类似于雇员的日报自由新闻工作者等（《集体协议法》第 12a 条）。集体协议中的报酬规定与共同报酬规则的关系是：前者优先于后者。

第 36a 条 调解处

1. 为制订共同报酬规则，在双方当事人约定一致或一方当事人请求采取调解程序时，作者团体与作品使用者团体或单个的作品使用者建立调解处。

2. 调解处由双方当事人各自选定的同等数量的委员及一名独立的双方当事人一致同意的主席组成。

3. 对于主席人选未达成一致的，由根据《民事诉讼法》第 1062 条有管辖权的州高等法院任命。对于委员数量未达成一致的，也由该州高等法院决定。对于在州高等法院的程序准用《民事诉讼法》第 1063 条、第 1065 条。

4. 根据第 36 条第 3 款第 2 句提出的进行调解程序之请求必须包含关于共同报酬规则制订之建议。

5. 调解处在口头讨论之后以多数决作出其决定。决定的作出首先在委员中进行。未达成多数决的，主席在进一步讨论之后参与决定的再次作出。一方当事人未选定委员或由一方当事人选定的委员不顾及时的邀请而缺席会议的，由主席与出席会议的委员根据第 1 句和第 2 句作出决定。调解处的决定应作成书面形式，由主席签名，并转交双方当事人。

6. 双方当事人承担自己的费用及由其选定的委员的费用。其他费用由双方当事人各承担一半。应主席的要求双方当事人应作为连带债务人向主席预支为调解处工作所必需的金额。

7. 双方当事人可通过协议规定调解程序的具体细节。

8. 授权联邦司法部无需联邦议会的同意通过行政法规规定调解程序的其他具体细节及颁布关于程序费用与对调解处委员予以补偿的规定。

第37条 使用权授予合同

1. 作者授予他人对作品的使用权的，有疑义时❶，允许❷发表或利用❸作品的演绎❹的权利保留于作者❺。

2. 作者授予他人复制作品的使用权的，有疑义时❻，录制作品于录像或录音载体❼的权利保留于作者。

3. 作者授予他人公开再现❽作品的使用权的，有疑

---

❶ 在当事人的约定"有疑义时"，即在双方当事人不另有约定，或当事人的意思不明时，第37条第1款作为解释规则，规定了有利于作者的法律效果，从而使允许发表或利用作品的演绎的权利保留于作者。这是第31条第5款规定的"合同目标理论"的具体体现。

❷ 见第9页注释❸。

❸ 关于"利用"，见第15条，包括以有体形式的利用（第1款）与以无体形式的利用（第2款）。

❹ 关于"作品的演绎"，见第3条。

❺ 根据第23条第1句，只有发表或利用作品的演绎（如德文小说的英文翻译）时，才需经作者允许。而在第37条第1款之下，"演绎权"成为一项独立权利保留于作者，作者不但可以禁止他人发表或利用作品的演绎，而且可以自己演绎作品并发表或利用该演绎。

❻ 在当事人的约定"有疑义时"，即在双方当事人不另有约定，或当事人的意思不明时，第37条第2款作为解释规则，规定了有利于作者的法律效果，从而使将作品转换成音像载体的权利保留于作者。这是第31条第5款规定的"合同目标理论"的具体体现。

❼ 根据第16条第2款，录制作品于录像或录音载体也属于复制。

❽ 关于"公开再现"，见第15条第2款，是指以无体的形式利用作品，包括朗诵、演出、放映、网络传播及广播等。由于第37条第2款所规定的公开再现与相关"活动"相联系，因而这里的公开再现是指第19条第1款与第2款规定的朗诵与演出。

义时❶，该他人无权在再现所确定的活动之外通过屏幕、扩音器或类似技术设备使再现可公开感知❷。

---

　❶　在当事人的约定"有疑义时"，即在双方当事人不另有约定，或当事人的意思不明时，第 37 条第 2 款作为解释规则，规定了有利于作者的法律效果，从而使使用权的所有人无权在再现所确定的活动之外通过屏幕、扩音器或类似技术设备使该再现可公开感知。这是第 31 条第 5 款规定的"合同目标理论"的具体体现。

　❷　本来根据第 19 条第 3 款，朗诵权与演出权也包括在个人表演的场地之外通过屏幕、扩音器或类似技术设备使朗诵与演出可公开感知的权利。然而第 37 条第 3 款规定，作者授予他人公开再现（包括以朗诵与演出的方式再现）作品的使用权的，有疑义时，该他人无权在再现（包括以朗诵与演出的方式再现）所确定的活动之外通过屏幕、扩音器或类似技术设备使该再现（包括以朗诵与演出的方式再现）可公开感知。其实二者并不矛盾。因为第 19 条第 3 款解决的是哪些利用行为客观上归属于朗诵权与演出权，而第 37 条第 3 款解决的是作者主观上授予了使用人哪些权能。从第 37 条第 3 款与第 1 款及第 2 款的表述的区别也可以发现：第 1 款及第 2 款将独立的权利保留于作者，作者因此既享有积极权能（自己利用或授予他人使用），也享有消极权能（禁止权能），而第 3 款并没有将独立的权利保留于作者，只是规定使用权的所有人无权在再现所确定的活动之外通过屏幕、扩音器或类似技术设备使该再现可公开感知。使用权的所有人为此还需经作者同意并支付报酬。但消极权能（禁止权能）并未保留于作者，而是根据第 19 条第 3 款归使用权的所有人享有，即使用权的所有人可以禁止第三人或作者在再现所确定的活动之外通过屏幕、扩音器或类似技术设备使该再现可公开感知。

　与第 19 条第 3 款规定的"在个人表演的场地之外"不同，第 37 条第 3 款规定的是"在再现所确定的活动之外"。因为第 37 条第 3 款作为解释规则，不应以"个人表演的场地"这一客观特征而应以合同当事人的主观意愿为标准。因而在剧院休息厅通过录像为迟到的观众播放戏剧演出的实况，虽然是在戏剧演出的场地之外，但仍属于戏剧演出活动的范围之内，因而无需再经作者同意。

第 38 条 *汇编中的成分*❶

1. 作者准许将作品编入定期出版的汇编的，有疑义时❷，出版者或汇编者❸获得复制与发行的排他使用权❹。但无其他约定时，自出版❺起的 1 年届满之后作者可以另行复制与发行作品。

2. 第 1 款第 2 句也适用于未定期出版的汇编中的、作者对其交付使用不享有支付报酬请求权的成分。

3. 成分交付报纸使用的，无其他约定时，出版者或汇编者获得普通使用权❻。作者授予排他使用权❼的，无

---

❶　这里的"汇编"，既可能构成作品（汇编作品，第 4 条第 1 款），也可能因为在对作品、数据或其他独立成分的选择或编排方面不具有独创性而不构成作品。汇编分定期出版的汇编（如报纸或杂志）及未定期出版的汇编（如纪念文集、百科全书或手册）。这里的"成分"包括作品、数据或其他独立成分。其中的作品，可以是第 2 条第 1 款规定的各种类型的作品，所以既可能是文字作品，也可能是摄影作品、美术作品或音乐作品等。

❷　在当事人的约定"有疑义时"，即在双方当事人不另有约定，或当事人的意思不明时，第 38 条第 1 款第 1 句作为解释规则，与第 31 条第 5 款规定的"合同目标理论"相反，规定了有利于出版者或汇编者而非有利于作者的法律效果，从而使出版者或汇编者获得复制与发行的排他使用权。

❸　在只有出版者而没有汇编者或只有汇编者而没有出版者时，复制与发行的排他使用权归出版者或汇编者所有。在既有出版者又有汇编者时，取决于作者准许谁将作品编入定期出版的汇编。

❹　关于"排他使用权"，见第 31 条第 3 款。

❺　关于"出版"，见第 6 条第 2 款。

❻　关于"普通使用权"，见第 31 条第 2 款。

❼　关于"排他使用权"，见第 31 条第 3 款。

其他约定时，自该成分出版❶之后作者立即有权另行复制与发行作品。

第 39 条 作品的修改

1. 无其他约定时，使用权的所有人不得修改作品、作品标题或作者标记（第 10 条第 1 款）。

2. 但以作者依诚实信用原则不得拒绝允许❷为限，准许修改作品及其标题❸。

第 40 条 关于将来作品的合同

1. 据以使作者有义务授予对根本未进一步确定或仅根据类型确定的将来作品的使用权的合同，需要作成书面形式。任一当事人在自合同签订起的 5 年期限届满之后可通知终止❹该合同。如未约定更短期限的，通知终止的期限为 6 个月。

2. 通知终止权不得事先放弃❺。其他的约定或法定

---

❶ 关于"出版"，见第 6 条第 2 款。

❷ 见第 9 页注释❸。

❸ 例如出版者更正书写错误或标点符号错误；为适合歌唱者而换歌曲的声调；因为受版面限制而缩减报纸或杂志文章篇幅。

❹ 在德国法中，存在通知终止权（Kündigungsrecht）与解除权（Rücktrittsrecht）两个概念。通知终止权与解除权的区别在于，前者只对将来发生效力，后者还有溯及力。因而如果根据通知终止权终止合同的，不能请求返还已履行的给付。通知终止多用于继续性债务关系。

❺ 不仅作者而且另一方合同当事人都不得事先放弃通知终止权。不得"事先"放弃是指不得在通知终止权产生之前即在自合同签订起的 5 年期限届满之前放弃。在通知终止权产生之后可通过单方意思表示或合同（双方意思表示）而放弃通知终止权，其结果是又开始新的 5 年期限。

通知终止权❶不受影响。

3. 授予对将来作品的使用权作为合同履行的一部分的，在合同终止时对此时尚未交付的作品的处分❷不发生效力。

第41条 *因未行使而产生的召回权*

1. 排他使用权的所有人未行使或仅仅非充分地行使权利并因此而显著损害作者的合法利益❸的，作者可以召回使用权。未行使或非充分行使使用权主要是基于可

---

❶ 在继续性债务关系中，合同当事人通常在合同中约定通知终止权，如约定比 5 年更短的期限。而德国《民法典》第 314 条规定的通知终止权属于这里的"其他法定通知终止权"。根据德国《民法典》第 314 条，可以基于重大原因由双方当事人通知终止继续性债务关系。所谓"重大原因"，是指在考虑到个案的全部情况和衡量双方利益的情况下，将合同关系延续到约定的终止时间或延续到通知终止期间届满之时，对于通知终止的一方是不能合理期待的（第 314 条第 1 款第 2 句）。

❷ 指的是合同关于授予对将来作品的使用权的规定。

❸ 立法者在立法理由中指出，第 41 条规定的召回权主要在于保护作者的使其作品为人所知的利益（见 Haertel / Schiefler, Urheberrechtsgesetz und Gesetz über die Wahrnehmung von Urheberrecht und verwandten Schutzrechten，Textausgabe und Materialien，1967，S. 200）。这具体体现为作者的人格利益与财产利益（在根据作品的使用范围来确定报酬的情况中表现得尤为明显）。在司法判例中，法院通常认为排他使用权的所有人未行使或仅仅非充分地行使使用权将显著损害作者的合法利益（见 OLG Köln GRUR - RR 2005，303 - Entwurfsmaterial；OLG München ZUM 2008，155；OLG München ZUM 2008，519 f. ）。只有在作者滥用召回权的情况下，才认定作者不存在受保护的合法利益（见 OLG Köln GRUR - RR 2005，303 f. - Entwurfsmaterial）。

以合理期待作者能消除的情形的❶，不适用该规定。

2. 不得在自授予或让与使用权起，或后来交付作品的自交付起的 2 年届满之前主张召回权。该期限对于报纸中的成分为 3 个月，对于每月或更短时间间隔出版的杂志中的成分为 6 个月，对于其他杂志中的成分❷为 1 年。

3. 可以直到作者向使用权的所有人预先告知了召回并确定了为充分行使使用权的合理的延长期限之后才声明召回。行使使用权对所有人而言为不可能，被其拒绝，或延长期限的提供危及到作者的重要利益的，则不需要确定延长期限。

4. 召回权不得事先放弃❸。不得事先在超过 5 年的期限排除召回权的行使❹。

---

❶　例如修改教材以适应科学发展的现状或修改评注（德国际教材及专著之外另一种常见的法学出版物，其方式是对法律条文逐条进行解释）以与现行法相一致。但作品已跟不上大众品味，不属于可以"合理"期待作者能消除的情形（见 Dreier / Schulze, Kommentar zum UrhG, Verlag C. H. Beck，2008，3. Auflage，§ 41 Rn. 21）。

❷　报纸与杂志属于汇编（或汇编作品，第 4 条第 1 款）。报纸与杂志所汇编的"成分"包括作品、数据或其他独立成分。其中的作品，可以是第 2 条第 1 款规定的各种类型的作品，所以既可能是文字作品，也可能是摄影作品、美术作品或音乐作品等。

❸　不得事先放弃召回权，为法律的强行规定。双方当事人在合同中约定放弃召回权的，该约定无效。该强行规定的目的在于保护处于弱势地位的作者，以免其受处于市场强势地位的使用人的"强迫"而答应放弃召回权。但在"事后"即在第 2 款规定的期限届满而召回权产生之后而放弃召回权。其放弃的方式是作者不行使召回权，但开始计算新的期限。

❹　意味着可以约定将第 2 款规定的期限延长至 5 年。

5. 使用权随召回的生效而消灭❶。

6. 在符合公平原则时，并以此为限，作者应补偿相关当事人❷。

7. 参与人的由其他法律规定的权利与请求权不受影响❸。

第 42 条　因观念改变而产生的召回权

1. 作品不再符合作者的观念❹且因此不可再合理期待作者能接受作品的利用的❺，作者可向使用权的所有人召回使用权。作者的权利继受人（第 30 条）只有在证明作者在死亡之前本有权召回但受阻于作出召回声明，

---

❶　召回权属于形成权，召回的意思表示到达相对人时召回即生效。使用权随召回的生效而消灭，使用人不再有该使用权，以该种方式利用作品的权利重新回归于作者。

❷　"相关当事人"是指因作者行使召回权而丧失使用权的人。可能是作者的合同当事人，也可能是与排他使用权的所有人签订使用权授予（第 34 条第 1 款）或让与（第 35 条第 1 款）合同的当事人。使用人基于对使用权的信任而为获得使用权支付了报酬并为使用作出了花费，作者召回使用权时因而应对其予以补偿。但是，需要考虑到使用人至少在 2 年期限内可以行使排他使用权，而且在召回之前给予了合理的延长期限，使用人可以通过行使排他使用权而获得回报，所以通常情况下作者不需要进行补偿（见 OLG München ZUM－RD 1997，453－Fix und Foxi）。

❸　例如德国《民法典》第 323 条以下规定的因未履行或迟延履行合同而产生的解除权或损害赔偿请求权。

❹　既包括科学观念、政治观念、宗教观念及世界观，也包括艺术观念与美术观念。

❺　例如由于科学知识的新发展而使得科学家的旧作品不再符合其科学观念，再利用该作品将有损科学家的声誉，因而不可再合理期待科学家能接受作品的利用。

或证明作者已终意处分❶了召回权时，才可声明召回。

2. 召回权不得事先放弃❷。不得排除召回权的行使❸。

3. 作者应合理地补偿使用权的所有人❹。该补偿至少应包括使用权的所有人至声明召回为止所产生的花费；但已分摊到已收取的使用收益中的花费在此不予考虑。只有在作者补偿了花费或为此提供了担保时，召回才发生效力。使用权的所有人应在声明召回之后的 3 个月期限内将花费告知作者；权利人未履行该义务的，召回随该期限届满即发生效力。

4. 作者在召回之后将再利用作品的，其有义务以合理的条件将相应的使用权提供给先前的使用权的所有人。

----

❶　见第 38 页注释❶。

❷　不得事先放弃召回权，为法律的强行规定。双方当事人在合同中约定放弃召回权的，该约定无效。该强行规定的目的在于保护处于弱势地位的作者，以免其受处于市场强势地位的使用人的"强迫"而答应放弃召回权。但在"事后"即在召回权产生之后可以放弃召回权。但不排除此后因为新的情形基于其他原因而产生观念改变及召回权。

❸　不得排除召回权的行使，为法律的强行规定。双方当事人在合同中约定作者不得行使召回权的，该约定无效。该强行规定的目的在于防止通过在合同中约定作者不得行使召回权而实质上规避"不得事先放弃召回权"之规定。

❹　作者行使第 41 条规定的召回权时，通常不需要补偿相关当事人（见第 61 页注释❷），只是例外地基于公平原则才需要补偿。而在行使第 42 条规定的召回权时，作者通常要补偿使用权的所有人，而且应以合理的额度补偿。这也是至目前为止在德国法院尚未存在就行使第 42 条规定的召回权而提起的诉讼，因为只有有经济能力的作者才能提供这种补偿，所以第 42 条的实践意义也比较小（见 Dreier / Schulze, Kommentar zum UrhG, Verlag C. H. Beck, 2008, 3. Auflage, § 42 Rn. 3）。

5. 准用第 41 条第 5 款、第 7 款的规定。

第 42a 条　制作录音载体的强制许可

1. 录音载体❶制作者被授予了音乐作品的使用权，且权利内容为为工商业目的录制作品于录音载体并复制与发行录音载体的，作者在作品出版❷之后有义务以合理的条件同样地授予在本法适用范围内任何其他的有主要营业所或住所的录音载体制作者以具有相同内容的使用权❸；所称的使用权依法由集体管理组织管理的❹，或作品不再符合作者的观念，因此不可再合理期待作者能接受作品的利用且作者因而召回了可能存在的使用权的，

---

❶　关于"录音载体"，见第 16 条第 2 款。

❷　关于"出版"，见第 6 条第 2 款。在第 42a 条第 1 款中，音乐作品既可以以乐谱的形式出版，也可以以录音载体的形式出版；既可以是在国内出版，也可以是在国外出版。

❸　该强制许可之规定的目的在于防止单个唱片生产商占据市场垄断地位。德国联邦国会法律委员会在其书面报告中指出，不管是出于经济原因还是文化原因，该种垄断都是其不愿看到的结果，"因为其将扼制以相互竞争的方式出版作品并从而损害公众与作者利益"（见 Schriftl. Bericht des Rechtsausschusses, UFITA 46〔1966〕174 / 193）。但是由于音乐作品的"机械复制权"（即录制作品于录音载体的权利）在德国是交由集体管理组织行使，而集体管理组织有义务应任何其他人的请求以合理的条件授予任何其他人以使用权（《著作权行使保障法》第 11 条）。因为集体管理组织对于任何其他人都负有该义务，所以其只能授予普通使用权，因而不可能产生单个唱片生产商的垄断地位。所以只要"机械复制权"（即录制作品于录音载体的权利）是由集体管理组织行使，该强制许可之规定就不能获得实践意义（见 Schricker / Loewenheim, Urheberrecht, C. H. Beck Verlag, 2010，4. Auflage，§ 42a Rn. 1）。

❹　理由见本页注释❸。

不适用该规定。准用第 63 条❶。作者不负准许使用作品以制作电影的义务❷。

2. 对于在本法适用范围内既没有主要营业所又没有住所的录音载体制作者，存在第 1 款规定的义务，但以在其主要营业所或住所所在国根据联邦司法部在《联邦法律公报》的公告为在本法适用范围内有其主要营业所或住所的录音载体制作者提供了相应权利为限。

3. 根据上述规定所授予的使用权，仅在本法适用范围内及对往不禁止录制音乐作品于录音载体的国家的出口发生效力❸。

4. 作者授予了他人以排他使用权，且权利内容是为工商业目的录制作品于录音载体并复制与发行录音载体的，适用上述规定，但由排他使用权的所有人负授予第 1 款所称的使用权的义务。

5. 对于作为歌词与音乐作品相结合的语言作品，在录音载体制作者被授予了使用权，且权利内容是为工商

---

❶　第 63 条规定了注明作品来源的义务。第 42a 条规定的强制许可在 2004 年之前的著作权法中作为对著作权的限制而规定于第六章（第 61 条）。2004 年之后，强制许可不再作为对著作权的限制之规定，但仍需要承担第 63 条规定的义务。

❷　电影作品是由连续画面与连续声音构成的特殊作品，制作电影就是制作录像与录音载体。但电影制作者要使用他人的音乐作品制作电影的，必须以通常的方式获得授权，而不能通过第 42a 条第 1 款第 1 句规定的强制许可的方式获得。

❸　著作权具有地域性，因而根据第 42a 条规定的强制许可所授予的使用权仅在德国及对往（因为过了著作权保护期限等原因）作品不再享有"机械复制权"（即录制作品于录音载体的权利）的国家的出口具有效力。

业目的连同音乐作品录制语言作品于录音载体❶并复制与发行录音载体时，准用上述规定。

6. 对于为主张授予使用权之请求权而提起的诉讼，以作者或在第 4 款的情形中以排他使用权的所有人在本法适用范围内无普通管辖籍❷为限，由专利局所在地法院管辖❸。即使不满足《民事诉讼法》第 935 条及第 940 条所称的条件，也可颁发临时处分❹。

---

❶　第 42a 条规定的强制许可的对象仅为音乐作品（第 1 款第 1 句）。语言作品仅在作为歌词与音乐作品相结合（第 9 条）时才可作为强制许可的对象，因而仅能连同音乐作品才能录制语言作品于录音载体，而不能只录制语言作品（歌词）。

❷　根据德国《民事诉讼法》第 13 条，人的普通管辖籍依其住所确定；根据第 16 条，无住所的人的普通管辖籍，依其在国内的现在居所确定，无国内居所时依其最后住所确定；根据第 17 条第 1 款，法人的普通管辖籍，依其所在地确定。

❸　这里的专利局的全称是"德国专利与商标局"。德国专利与商标局所在地为慕尼黑。

❹　根据德国《民事诉讼法》第 935 条（"因现状变更而使当事人权利不能或难以实现的，准许对于争议标的物实施临时处分"）及第 940 条（"为避免重大损害、防止急迫暴力或出于其他原因，对于发生争议的法律关系特别是持续性法律关系，有必要规定其临时状态的，可以实施临时处分"），启动临时处分程序以存在"急迫性"为前提。但著作权法第 42a 条第 6 款第 2 句以推定存在"急迫性"的方式，减轻了临时处分程序的负担。因为如果不能进行临时处分程序，只能通过诉讼请求作者授予使用权。而诉讼程序通常持续数年时间，作者可能会因此而实质上逃脱强制许可之义务。

实际上，由于只要"机械复制权"（即录制作品于录音载体的权利）是由集体管理组织行使，第 42a 条第 1 款第 1 句的强制许可之规定就不能获得实践意义，因而第 6 款关于以作者（或排他使用权的所有人）为当事人的诉讼之规定也没有多大的实践意义。但在集体管理组织拒绝许可时，可以类推适用第 6 款第 2 句，启动临时处分程序。但是在笼统性的临时处分程序中，不适合于确定强制许可的"合理条件"。

7. 仅仅为了制作电影而授予了第 1 款中所称的使用权的，不适用上述规定❶。

第 43 条　雇用或职务关系中的作者

作者在履行其雇用或职务关系中的义务而创作作品时，也适用本节的规定，但以从雇用或职务关系的内容或性质未得出其他要求为限。

第 44 条　作品原件的转让

1. 作者转让作品原件的，有疑义时，其未因此授予受让人以使用权。

2. 美术或摄影作品原件的所有人有权公开展览作品，即使该作品尚未发表，但作者转让原件时明确地排除了展览的除外❷。

---

❶　电影作品是由连续画面与连续声音构成的特殊作品，制作电影就是制作录像与录音载体。作者仅仅为了制作电影而授予了第 42a 条第 1 款中所称的使用权，即录制作品于录像与录音载体（而非仅录音载体）并复制与发行录音载体的权利的，不负准许其他电影制作者使用其音乐作品制作电影的义务，即不适用第 42a 条第 1 款第 1 句规定的强制许可。

❷　为举证方便，作者通常采取书面形式。排除原件所有人展览权利的意思表示不只是针对作为受让人的原件所有人具有债的效力，而且具有物的效力。原件被继续转让的，该意思表示对于其他的受让人也具有效力。第三人从无权转让的人如租用人或借用人善意取得所有权的，也无权展览，因为作者在此没有作出意思表示的机会。

第六章　著作权的限制❶

第 44a 条　暂时性的复制行为❷

准许短暂或伴随性的❸、作为技术程序的完整及主要部分的、无独立经济意义的且唯一目标是使作品或其他保护客体能满足下列需要之一的暂时性的复制行为：

---

❶　根据对著作权限制的强度不同，可将第六章规定的限制分为两类：第一类是法定许可。在法定许可中，他人可以不经著作权所有人的同意而以法律规定的方式利用作品，但需要向著作权所有人支付报酬。例如第 45a 条、第 46 条、第 49 条第 1 款、第 52 条第 1 款与第 2 款、第 52a 条、第 53～54a 条规定的限制。此外，还有第六章之外的如第 27 条第 2 款第 1 句及第 69b 条规定的限制。在第二类限制中，他人既可以不经著作权所有人的同意而以法律规定的方式利用作品，也不需要向著作权所有人支付报酬。例如第 44a 条、第 45 条、第 47 条、第 48 条、第 50 条、第 51 条、第 52 条第 1 款第 3 句、第 55 条、第 55a 条、第 56 条、第 57 条、第 58 条、第 59 条及第 60 条规定的限制。此外，还有第六章之外的如第 69d 条与第 69e 条规定的限制。除了这两类限制外，还有对著作权的期限限制（第 64～69 条）。

2004 年之前，强制许可也作为对著作权的限制而规定于第六章。2004 年修改著作权法时，立法者认为强制许可不是对著作权内容的侵入，而只是对著作权行使的限制（见 AmtlBegr. UFITA〔2004〕216 f.），因而不再作为对著作权的限制之规定，而是规定于第五章第 42a 条。

❷　该规定主要涉及并有利于网络传播中的浏览（Browsing）及缓存（Caching）行为。浏览或缓存页面虽然也属于第 16 条意义的复制，但在第 44a 条规定的条件下，可以不经作者同意，也不需要向作者支付报酬。

❸　短暂的复制行为主要涉及浏览，而伴随性的复制行为主要涉及缓存。"短暂的"与"暂时性的"要件之间实际上存在相互重叠之处。

（1）通过中间人在网络中在第三人之间传播❶；

（2）被合法使用。

第45条 司法与公共安全

1. 准许为在法院、仲裁机构或行政机关所进行的程序中使用而制作或让人制作作品的个别复制件。

2. 法院及行政机关为司法与公共安全目的可复制或让人复制画像❷。

3. 在与复制相同的条件下，也准许发行、公开展览及公开再现作品❸。

---

❶ 中间人是指网络传播服务提供商，而第三人主要是指内容的发送人与接收人。

❷ 该规定意义的画像是指个人外观的呈现，而不包括风景画、实物画及动物画。被画像的人必须是该呈现的唯一或主要对象，但不需要占据全画面。个人只是风景画的一部分的，不构成这里的画像。不一定只是个人的，也可以是多人的（如集体照）。画像的方式多种多样，可以是二维的，如第2条第1款第4项或第5项意义的美术作品（如油画）或摄影作品，或是第72条规定的照片；也可以是三维的，如塑像、雕像或浮雕等。

❸ 与第1款及第2款只是限制复制权不同，第3款还限制发行权、展览权及公开再现权，即实际上限制了全部的以有体的形式利用作品的权利（第15条第1款）及以无体的形式利用作品的权利（第15条第2款）。此外，第45条还可涉及未发表的作品，因而实际上对发表权也构成了限制。与第2款只涉及画像不同，第1款与第3款涉及全部类型的作品。

关于"复制"、"发行"、"公开展览"及"公开再现"，分别见第16条、第17条、第18条及第15条第2款。其中，公开再现是指与发行及公开展览等以有体的形式利用作品相对应的以无体的形式利用作品，包括朗诵、演出与放映（第19条）、网络传播（第19a条）及广播（第20条）等。

第 45a 条 残障人❶

1. 准许不以营利为目的❷为因残障而不能或显著困难地以现存可用的感觉方式获取作品的人复制作品及仅向这类人发行作品❸，但以为能获取所必需为限。

2. 对复制与发行应向作者支付合理的报酬；仅制作个别复制件的除外❹。该请求权仅可通过集体管理组织主张❺。

第 46 条 为教堂、学校或教学使用的汇编❻

---

❶ 该规定主要涉及盲人图书馆的活动。德国盲人图书馆为盲人制作盲文读物或可听图书等，并免费寄送这些读物或图书。当然，该规定中"残障人"不仅仅包括盲人与视障人士，还包括听障人士，甚至因为肢体障碍而不能拿书本或杂志的人（见 Wandtke / Bullinger, Praxiskommentar zum Urheberrecht, 3. Auflage, 2009, § 45a Rn. 2）。

❷ 立法的出发点是，盲人图书馆制作、寄送及管理盲人读物或可听图书的成本如此之高，即使其向盲人收取出租费用，也不可能实现营利目的（见 Scharmann, BuB 1991, 241）。

❸ 仅准许未经作者同意而可以复制与发行作品，而不包括展览及公开再现（第 15 条第 2 款）如朗诵、演出与放映（第 19 条）、网络传播（第 19a 条）及广播（第 20 条）作品。关于"复制"与"发行"，分别见第 16 条与第 17 条。

❹ 立法的出发点是，在制作个别复制件时，也需要使用装置与媒介，而这些装置与媒介的购买成本包含了根据第 54 条与第 54a 条支付给作者的报酬（见 Begr. , BT-Drucks. 15 / 38, S. 18）。

❺ 此外，根据第 63a 条，作者不得事先放弃该支付报酬请求权，事先仅可将其让与集体管理组织。由盲人图书馆组成的"德国盲人与视障人媒体联合体"与"德国文字著作权协会"（VG Wort，是文字著作权的集体管理组织）已就支付作者报酬签订了一个总合同。

❻ 该规定的目标与意义在于有利于出版社出版"汇编物"（如教材）。

1. 在作品发表❶之后，准许复制、发行及网络传播❷作品的一部分、小篇幅的语言作品或音乐作品❸、个别的美术作品或摄影作品，以作为编入了许多作者的作品、根据其性质仅确定为在学校、非工商业的培训与继续教育机构或职业教育机构❹教学使用或为在教堂使用的汇编❺的组成部分。总是仅经权利人允许❻，才准许网络传播被确定为在学校教学使用的作品❼。在复制件上或在网络传播中必须明确标明汇编的使用目的。

2. 第 1 款仅适用于作为确定为在除音乐学校之外的学校教学使用的汇编的组成部分的音乐作品。

---

❶　只需要在作品发表之后，而不是在作品出版之后，因而也可以编入网络媒体上的作品（见 amtl. Begr. ，BT-Drucks，15／38，S. 19）。关于"发表"，见第 6 条第 1 款。

❷　关于"复制"、"发行"及"网络传播"，分别见第 16 条、第 17 条及第 19a 条。

❸　一般情况下，编入汇编物的只能是作品的一部分，而不能是整个作品。但是对于小篇幅的语言作品或音乐作品，可以将整个作品编入汇编物。

❹　"学校"是指包括小学与中学在内的普通学校及聋哑学校在内的特殊学校；而非工商业的教育与继续教育机构或职业教育机构包括《职业教育法》意义上的所有职业教育领域，例如企业的培训（见 BT-Drucks. ，10／3360，S. 19）。但是，这些不涉及成年人的教育（见 Schriftl. Bericht des Rechtsausschusses，UFITA 46［1966］174／184）。因而用于大学或其他高等学校的汇编物不适用第 46 条。

❺　这里的"汇编"，既可能构成作品（汇编作品，第 4 条第 1 款），也可能因为在对作品、数据或其他独立成分的选择或编排方面不具有独创性而不构成作品。其不一定是图书，也可以是录音录像载体或电子出版物。

❻　见第 9 页注释❸。

❼　立法者在立法理由中指出，该规定的目的在于避免侵入学校图书如教材出版的一级市场（见 BT-Drucks. ，16／1828，S. 25）。

3. 只有在将利用第 1 款规定的权利之意图通过挂号信告知了作者，或不知道其住所或居所时告知了排他使用权的所有人，且自寄出信起经过 2 个星期时，才可以开始复制或网络传播。也不知道排他使用权的所有人的住所或居所的，可通过公布于《联邦公告》而予以通知。

4. 对于根据第 1 款与第 2 款而准许的利用，应支付作者合理的报酬。

5. 作品不再符合作者的观念，因此不可再合理期待作者能接受作品的利用且作者召回了可能存在的使用权的（第 42 条），作者可禁止第 1 款与第 2 款所准许的利用。准用第 136 条第 1 款与第 2 款的规定。

第 47 条　学校广播节目❶

1. 学校及教师培训与继续培训机构可以通过录制作品于录像或录音载体的方式制作在学校广播节目中被广播的作品的个别复制件。该规定同样适用于青少年福利救济所、国家的地方媒体中心❷或受公共资助的相似机构。

---

❶　该规定的目的在于促进教育与青少年的培养。为此允许学校及其他相关机构不仅在广播时播放广播节目，而且根据教学计划可以在其后的教学时间播放广播节目，并允许为其后的播放制作作品的复制件（不需要经著作权所有人同意，也不需要支付报酬）。

❷　立法者允许国家的地方媒体中心可以通过录制作品于录像或录音载体的方式制作在学校广播节目中被广播的作品的个别复制件的原因是：由于仅少数学校具有录制为教学目的的使用的广播节目的设备，因而基于技术与组织原因，学校通常依赖于国家的地方媒体中心录制广播节目（见 Schriftl. Bericht des Rechtsausschusses，UFITA 102〔1986〕169 / 174）。现在这一规定受到了学术界的反对（见 Schricker / Loewenheim，（转下页）

2. 录像或录音载体仅可以为教学目的使用。必须将其至迟在录制学校广播节目的第二学年结束时予以删除，但已支付作者合理报酬的除外。

第 48 条 公开言谈❶

1. 准许下列利用公开言谈的行为：

（1）在主要报道时事问题❷的报纸、杂志及其他印刷出版物或其他数字载体❸中复制与发行关于时事问题的言谈❹，但以该言谈是在公开集会上进行或通过第 19a 条或第 20 条意义的公开再现❺予以发表为限，并准许公

（接上页）Urheberrecht, C. H. Beck Verlag, 2010, 4. Auflage, § 47 Rn. 5, 14）；因为第 47 条的立法目的在于允许学校或其他教育机构为教学目的而自我使用（第 2 款第 1 句），而国家的地方媒体中心制作作品的复制件的目的仅在于为了他人的使用；现在学校通常都拥有录像录音的录制设备，因而在 1985 年修改著作权法时增加该规定的立法原因已经不复存在；国家的地方媒体中心现在一方面不需要向著作权所有人支付报酬而制作作品的复制件，另一方面却将这些出租给学校或其他的教育机构。

❶ 该规定的目的在于为方便新闻报道而对复制权、发行权及公开再现权予以限制（见 AmtlBegr. , Schulze Materialien, 70）。

❷ 立法者指出，文学或科学类型的问题，即使其是基于时事而引发开来，也不是时事问题（见 AmtlBegr. , UFITA 45〔1965〕240 / 281）。关于时事问题的讨论是指以公众可以理解的方式描述公众关注的新事件（见 Schricker / Loewenheim, Urheberrecht, C. H. Beck Verlag, 2010, 4. Auflage，§ 48 Rn. 4）。

❸ 其他数字载体是指数字离线媒体，如 CD-ROM 与 DVD。

❹ "言谈"（Rede）可以构成第 2 条第 1 款第 1 项的语言作品。"演讲"（Vortrag）属于言谈的形式之一。言谈必须已经进行，为言谈所准备的稿件不属于第 48 条的适用对象，因而在言谈之前未经同意不得复制、发行及公开再现该稿件。

❺ 第 19a 条意义的公开再现是指网络传播，因而准许复制与发行在数字网络媒体中发表的关于时事问题的谈话。第 20 条意义的公开再现是指广播。

开再现❶这些言谈；

（2）准许复制、发行与公开再现在国家、地方或宗教组织举行的公开协商中进行的言谈❷。

2. 不准许复制与发行第 1 款第 2 项所称言谈的主要包含同一作者的言谈的汇编❸。

第 49 条　报纸文章与广播评论

1. 准许在其他报纸及仅报道时事问题的信息页中复制与发行个别广播评论与来自报纸及其他仅报道时事问题的信息页的个别文章及与其相关而发表❹的图片，及准许公开再现❺这些评论、文章与图片，但以它们涉及政治、经济或宗教时事问题且未保留权利为限。对于复制、发行与公开再现，应支付作者合理的报酬，但涉及复制、发行或公开再现来自许多评论或文章的以概览形式存在的短节录的除外❻。该请求权仅可通过集体管理

---

❶　关于"复制"、"发行"及"公开再现"，分别见第 16 条、第 17 条及第 15 条第 2 款。其中，公开再现是指与复制及发行等以有体的形式利用作品相对应的以无体的形式利用作品，包括朗诵、演出与放映（第 19 条）、网络传播（第 19a 条）及广播（第 20 条）等。

❷　例如国会或其法律委员会修改法律、法院的案件审理、市议会会议或德国天主教主教会议中的言论。

❸　这里的"汇编"，既可能构成作品（汇编作品，第 4 条第 1 款），也可能因为在对作品、数据或其他独立成分的选择或编排方面不具有独创性而不构成作品。

❹　关于"发表"，见第 6 条第 1 款。

❺　见本页注释❶。

❻　该除外规定涉及在媒体中存在的节录其他诸多媒体中就同一个主题发表的评论或文章的传统，例如报纸中的"媒体聚焦"栏目。

组织主张❶。

2. 不受限制地准许复制、发行与公开再现通过报刊或广播发表的具有事实内容的混合新闻及时事新闻❷；通过其他法律规定所提供的保护不受影响❸。

第 50 条　*时事事件报道*

为通过广播或类似技术手段❹或为在主要报道时事问题的报纸、杂志及其他印刷出版物或其他数字载体❺中及在电影中报道时事事件，准许在为报道之目的所要

---

❶　此外，根据第 63a 条，作者不得事先放弃该支付报酬请求权，事先仅可将其让与集体管理组织。对该支付报酬请求权是由"德国文字著作权协会"（VG Wort，是文字著作权的集体管理组织）行使。

❷　该规定的立法出发点是，新闻通常不构成第 2 款意义的作品，因而不享有著作权保护（见 AmtlBegr. UFITA 45 [1965] 240 / 282）。但是，司法判例认定在例外情况下，因为具有独创性的表述、风格或措辞，新闻也可能构成作品（见 OLG Hamburg GRUR 1978，308 – Artikelübernahme）。在第 49 条第 2 款之下，不管是否构成作品，是否享有著作权保护，只要是通过报刊（与第 1 款不同，除了报纸之外还可以是杂志）或广播发表的新闻，既不需要经同意，也不需要支付报酬（在第 1 款中需要支付报酬），可以"不受限制地"复制、发行与公开再现这些新闻。其中，"具有事实内容的混合新闻"与"时事新闻"之间实际上不存在区别（见 Dreier / Schulze，Kommentar zum UrhG，Verlag C. H. Beck，2008，3. Auflage，§49 Rn. 13）；"混合新闻"表明只要是新闻，而不管其内容如何，而在第 1 款中限于政治、经济或宗教内容。

❸　主要是《反不正当竞争法》第 3 条与第 5 条及《民法典》第 823 条以下的侵权行为法之规定。例如，转载他人的新闻，但给读者造成这样的印象，该新闻是通过自己的调查而获得的，构成了《反不正当竞争法》第 5 条规定的误导行为。

❹　主要指数字网络媒体（见 amtl. Begr. ，BT-Drucks. 15 / 38，S. 19）。

❺　其他数字载体是指数字离线媒体，如 CD-ROM 与 DVD。

求的范围内❶复制、发行与公开再现❷在事件过程中可感知的作品。

第51条 引用

准许为引用目的而复制、发行及公开再现❸已发表❹的作品，只要该使用在其范围内因该特定目的❺而具有合理理由。特别❻准许下列情形：

（1）为了解释内容之目的而在独立的科学作品中列入个别已发表的作品❼；

---

❶ 例如日报在报道美术展的开幕式时，完全呈现了在开幕式上可以看到的一两件美术作品，属于是在为报道之目的所要求的范围内的对这些美术作品的复制与发行，不需要经同意，也不需要支付报酬；但广播为报道戏剧节的开幕式而完整地录制戏剧表演并予以广播，超出了为实现报道目的所要求的范围。

❷ 见第 73 页注释❶。

❸ 见第 73 页注释❶。

❹ 关于"发表"，见第 6 条第 1 款。

❺ "该特定目的"是指为引用的目的。

❻ "特别"一词表明，第 51 条第 2 句第 1～3 项规定的情形只是对所准许的引用的典型例举，而不是穷尽列举，并未排除其他情形。如果出现了其他情形例如电影引用（在自己的电影中引用他人的电影），可以根据第 51 条第 1 句的一般条款式之规定予以认定。

❼ 第 1 项所规定的情形在德国被称为"科学中的大引用"。其特征是：（1）为了解释自己的科学作品的内容的目的。（2）在自己的独立的科学作品中引用。所谓"科学作品"，是指根据一定的方法而努力获得知识的作品（见 Lutz, Grundriss des Urheberrechts, C. F. Müller Verlag, 2009, 1. Auflage, S. 127）。"独立"则意味着该科学作品必须自身就享有著作权保护，必须是独立的自己个人的创作成果；只是被引用作品的汇编，则不是"独立"作品（见 BGH GRUR 1973，216 - Hnadbuch moderner Zitat）；科学作品中必须有自己独立的观点，被引用的作品才能作为解释 （转下页）

（2）在独立的语言作品中引述已发表的作品中的数个段落❶；

（3）在独立的音乐作品中引述已出版的音乐作品中的个别段落❷。

第52条　公开再现❸

（接上页）其内容的证据。（3）引用的是个别已发表的的作品。关于"发表"，见第6条第1款。引用的作品，可以是第2条第1款规定的全部类型的作品，如在美学研究中引用美术作品或在建筑研究中引用建筑作品。可以是整个作品，而不是作品的一部分。但只能是个别作品。"个别作品"并非意味着几件作品，而是需要根据自己的内容、需要解释的科学作品的长度及同一作者被引用的作品的数量确定。例如，即使在一部大型科学作品中，引用了同一作者的69件美术作品，被法院认定超过了"个别作品"的限度（见 BGH GRUR 1968，607 - Kandinsky）。

❶　第2项所规定的情形在德国被称为"小引用"。其特征是：（1）引用的目的，除了第1项规定的为了解释自己的作品的内容之外，还可以出于其他目的如作为格言或座右铭。（2）在自己的独立的语言作品中引用。（3）引用的是已发表的的作品的数个段落。关于"发表"，见第6条第1款。引用的作品，可以是第2条第1款规定的全部类型的作品。不可以是整个作品，而只是作品的一部分，即数个段落。究竟可以引用几段，需要根据引用的长度与自己作品的长度的比例（相对标准）及引用的长度本身（绝对标准）来判断。

❷　第3项所规定的情形在德国被称为"音乐引用"。其特征是：（1）引用的目的，除了第1项规定的为了解释自己的作品的内容之外，还可以出于其他目的如作为相同或相对立的音乐风格手段。（2）在自己的独立的音乐作品中引用。（3）引用的是已出版的的音乐作品的个别段落。关于"出版"，见第6条第2款。引用的作品，只能是音乐作品。不可以是整个音乐作品，而只是作品的一部分；比第2项所规定的可以引用的数个段要少，只能是个别段落。在"音乐引用"中需要注意的是，第24条第2款禁止明显地引用他人音乐作品的曲并作为自己新作品的基础。

❸　该规定的目的在于为所举办的特定活动而对作品的公开再现权予以限制。

1. 准许公开再现❶已发表❷的作品，但以该公开再现未服务于举办者的营利目的，参与者未支付报酬而被允许参与，及在朗诵或演出❸作品的情况下未有表演者（第73条）获得特别的报酬为限。对于公开再现应支付合理的报酬。对于青少年救助、社会救助、老年人救助、福利救济与囚犯管教活动及学校活动，以根据其社会或教育目的而仅特定有限的人群可以获取为限，支付报酬之义务消灭。活动服务于第三人的营利目的的，不适用该规定❹；在该情形中，第三人应支付报酬。

2. 在教堂或宗教团体的礼拜或宗教仪式中，也准许公开再现已出版❺的作品。但举办者应支付作者合理的报酬。

3. 总是仅经权利人允许，才准许公开舞台表演、网络传播与广播作品及公开放映电影作品❻。

---

❶ 关于"公开再现"，见第15条第2款，是指与复制及发行等以有体的形式利用作品相对应的以无体的形式利用作品，包括朗诵、演出与放映（第19条）、网络传播（第19a条）及广播（第20条）等。

❷ 关于"发表"，见第6条第1款。

❸ 关于"朗诵"与"演出"，见第19条第1款、第2款及第3款。

❹ "该规定"是指第3句的规定。例如，在青少年中心举行第3句规定的活动，该活动本身根据第3句不需要经得同意，也不需要支付报酬，但是因其服务于该青少年中心内的经营者（如提供饮料与香肠）的营利目的，所以经营者负支付报酬的义务。

❺ 关于"出版"，见第6条第2款。

❻ 第3款为第1款与第2款的例外规定：作品的"公开舞台表演"、"网络传播"、"广播"及电影作品的"放映"本来也属于第1款与第2款规定的公开再现形式，但因为它们对于权利人具有特别重要的经济利用价值，因而需要经得权利人允许，也需要向权利人支付报酬。其中，"权利人"一般情况下是指作者或其权利继受人，对于电影作品则是制作者而 （转下页）

第52a条 为教学与研究目的的网络传播❶

1. 以为各自的目的所必需及因追求非商业目的而具有合理理由为限，准许：

(1) 为在学校、高校、非工商业的教育与继续教育机构及在职业教育机构的教学中的阐明之目的❷仅对特

(接上页) 不是电影作品的作者。根据德国《民法典》第183条，"允许"（Einwilligung）是指事前的同意（Zustimmung）。与之对应的是第184条第1款规定的"追认"（Genehmigung），即事后的同意。关于"公开舞台表演"、"网络传播"、"广播"及"放映"，分别见第19条第2款、第19a条、第20条及第19条第4款。

❶ 第52a条是通过2003年9月10日的《调整信息社会的著作权的法律》（见 BGBl. Ⅰ，S. 1774）而在著作权法中新增加的规定。根据该条，为了教学与研究目的，可以不经同意而对作品进行网络传播（对网络传播权的限制），以便在教学与研究中也能利用现代传播形式（见 AmtlBegr. BT-Drucks. 15／38，S. 20）。与其平行的规定，即为了教学与研究目的可以不经同意而对作品进行复制（对复制权的限制），见第53条第2款第1项与第3款。第52a条的产生曾引发了极大的争论，因为权利所有人（主要是出版者）担心学校或相关教育机构扫描作品并进而上传到内部网，将侵入及影响科学杂志及出版物的一级市场。因此该规定的效力期限根据第137k条最初只有3年半，适用至2006年12月31日。这在德国著作权法的历史上尚属首次。是否需要延长期限，需要由受益人向立法者证明，权利所有人并未因为网络传播权（第19a条）的限制而产生损失。通过2006年11月10日的《第五次著作权法修改法》（见 BGBl. Ⅰ，S. 2587），该期限延长至2008年12月31日。而通过2008年12月7日的法律（见 BGBl. Ⅰ，S. 2349），该期限延长至2012年12月31日。

❷ 必须是为了在学校或相关教育机构中完成教学任务，而非为了完成行政任务；必须是为了阐明教学，即使教学更加容易理解，例如在自然科学的教学中使用图片或在历史、政治或语言教学中使用文章。

定有限的教学参与者人群❶而网络传播已发表的作品的小部分、小篇幅作品及报纸或杂志中的个别成分❷；

（2）对特定有限的人群为其自己的科学研究目的❸而网络传播已发表的作品的一部分、小篇幅作品及报纸或杂志中的个别成分。

2. 总是仅经权利人允许❹，才准许网络传播被确定为在学校教学中使用的作品❺。在本法适用范围内的电

---

❶ 只有特定有限的教学参与者人群能通过网络获取作品，因而只能将作品上传到学校或相关教育机构的内部网，并通过技术措施（例如密码）保证其他人不能获取作品。这与第 19a 条规定的以公众为对象的网络传播不一致，因为根据第 15 条第 3 款第 2 句，与利用作品的人或与以无体的形式可感知或已获取作品的人不存在人身联系的，属于公众。而在学校的教学中，教师与学生之间的师生关系也属于人身联系。

❷ 作品的小部分、小篇幅作品及报纸或杂志中的个别成分都必须已发表。关于"发表"，见第 6 条第 1 款。"作品的小部分"意味着不能网络传播整个作品，而只能是其中的小部分（与第 2 项规定的作品的"一部分"不同）。"小篇幅作品"意味着可以网络传播整个作品，因为其篇幅小。报纸与杂志属于汇编（或汇编作品，第 4 条第 1 款）。报纸与杂志所汇编的"成分"包括作品、数据或其他独立成分。其中的作品，可以是第 2 条第 1 款规定的各种类型的作品，所以既可能是文字作品，也可能是摄影作品、美术作品或音乐作品等。

❸ 立法者在此的出发点是"小研究团队"（见 Bericht des Rechtsausschusses，BT-Drucks. 15 / 837，S. 20）。只能是为了该小研究团队自己的科学研究，而不能是为了整个大学的科学研究；只能对该小研究团队的成员，因而只能将作品上传到该小研究团队的内部网，并通过技术措施（例如密码）保证其他人不能获取作品。

❹ 见第 9 页注释❸。

❺ 立法者在立法理由中指出，该规定的目的在于避免侵入学校图书如教材出版的一级市场（见 Bericht des Rechtsausschusses，BT-Drucks. 15/ 837，S. 34）。立法背后的动因是出版者的压力，因为如果允许将（转下页）

影院开始通常正式地利用电影作品之后的 2 年届满之前
网络传播电影作品的，需经权利人允许。

3. 在第 1 款的情形中也准许为网络传播所必需的
复制❶。

4. 对于第 1 款规定的网络传播应支付合理的报酬。
该请求权仅可通过集体管理组织主张❷。

第 52b 条　在公共图书馆、博物馆及档案馆的电子
阅览桌再现作品

为研究及私人学习目的❸，准许使来自对公众开放
的图书馆、博物馆或不直接或间接追求经济或营利目的
的档案馆的馆藏的已发表❹作品，仅在各自场所的房间

（接上页）学校图书如教材扫描并上传到学校内部网，将会影响到出版者所
印刷的图书的销售（见 Schricker / Loewenheim, Urheberrecht, C. H. Beck
Verlag, 2010，4. Auflage，§ 52a Rn. 16）。需要注意的是，在德国学校
（Schule）是指中小学，而不包括高校（大学及其他类型的高校）。因而大学
生所使用的教材不属于第 2 款第 1 句的适用对象。

❶　是指将作品数字化之后保存到硬盘或其他存储媒介。根据第 16
条，这也属于复制。

❷　此外，根据第 63a 条，作者不得事先放弃该支付报酬请求权，事
先仅可将其让与集体管理组织。

❸　是使用者的目的，而不是图书馆、博物馆或档案馆的目的。实践
中很难审查使用者的这种主观目的，因而该种目的规定并不能起到限制作
用（见 Berger, Die öffentliche Wiedergabe von urheberrechtlichen Werken an
elektronischen Leseplätzen in Bibliotheken, Museen und Archieven –
Urheberrechtliche, verfassungsrechtliche und europarechtliche Aspekte des
geplanten § 52b UrhG, GRUR 2007, 756）。

❹　关于"发表"，见第 6 条第 1 款。

内在为此特意设立的电子阅读桌上可获取❶，但以不与合同的规定❷相抵触为限。原则上不可在设立的电子阅读桌上使超过各馆馆藏数量的作品样本可同时获取❸。对于使可获取的，应支付合理的报酬。该请求权仅可通过集体管理组织主张❹。

---

❶　在电子阅读桌上获取作品，表明使用者只能阅读作品，而不能打印或存储于数字载体（如 USB）；作品的在线电子使用（即阅读）只能在图书馆、博物馆或档案馆的房间内，而排除了从外部的在线电子使用（见AmtlBegr. , BT-Drucks. 16 / 1828，S. 26）。

如同第 52a 条，这实际上也是对网络传播权（第 19a 条）的限制。因为图书馆、博物馆或档案馆也是对公众开放的。只是只能在图书馆、博物馆或档案馆的内部网传播。

第 52b 条只是规定可以使作品在电子阅读桌上被获取。但是前提条件是作品必须已经数字化并被存储于图书馆、博物馆或档案馆的硬盘或服务器。与第 52a 条第 3 款不同，第 52b 条并不存在相应的规定。不过立法者也是以此为前提条件（见 AmtlBegr. , BT-Drucks. 16 / 1828，S. 26），因而也准许为此所必需的复制。

❷　是指权利所有人（通常是出版者）与图书馆、博物馆或档案馆所签合同中关于作品的电子使用的规定。

❸　意味着原则上最多只能提供与馆藏作品样本数量相同的电子阅读桌，以防止图书馆、博物馆或档案馆仅购买少量作品样本，但在作品数字化之后提供任意多的电子阅读桌。

❹　此外，根据第 63a 条，作者不得事先放弃该支付报酬请求权，事先仅可将其让与集体管理组织。第 52b 条是通过 2007 年 10 月 26 日的《调整信息社会的著作权的第二部法律》（见 BGBl. Ⅰ，S. 2513）而在著作权法中新增加的规定，因而目前在集体管理组织与图书馆、博物馆或档案馆之间还不存在总的合同，只是由《图书馆报酬规则》规定了 2008 年与 2009 年的概括性的报酬。

第53条　为私人及其他的自己使用的复制❶

1. 准许自然人为私人使用而个别地复制❷作品于任何载体，但以该复制既不直接，也不间接服务于营利目

---

❶　从"私人及其他的自己使用"这一表述可以看出，私人使用属于自己使用的情形之一；自己使用包括私人使用与除私人使用之外的其他的自己使用。德国联邦最高法院指出，"私人使用"是在私人领域内为满足个人人身需要而进行的使用（见 BGH GRUR 1978，475 - Vervielfältigungsstücke）。只有自然人才存在私人使用（见第 53 条第 1 款第 1 句），而法人不存在私人使用（见 BGH GRUR 1997，461 - CB - Infobank Ⅰ）。而自己使用除了为满足个人人身需要之外，也可以是为了职业或营业目的（见 BGH GRUR 1993，900 - Dia - Duplikate）；除了自然人之外，法人也可以自己使用；但是是自己的使用，而不是第三人的使用，例如在机关或企业内部的使用。

第 53 条是对复制权的限制，即为私人及其他的自己使用时，可以自由复制，而不需要经得权利所有人同意。但需要注意的是，即使是为私人及其他的自己使用，也需要向权利所有人支付报酬，而不是无偿复制。因而其属于著作权限制中的法定许可（见第 67 页注释❶）。只是支付报酬的方式是间接的：第 54～54b 条规定用于复制作品的装置或存储媒介的制造者需要向作品的权利所有人支付报酬。这部分报酬包含于装置或存储媒介的销售价格并最终由复制者承担。以同样的方式第 54c 条规定了复印机经营者向作品的权利所有人支付报酬的义务。

第 53 条的内部结构比较复杂：第 1 款规定为私人使用而可自由复制。第 2 款规定为自己使用而可自由复制的四种情形。第 3 款规定为教学与考试使用而可自由复制。这本来也属于为自己使用。但与第 2 款规定的四种情形中只可制作个别复制件不同，为教学与考试使用可以制作较多的复制件。第 4 款、第 5 款、第 6 款及第 7 款是对第 1 款、第 2 款及第 3 款规定的复制自由的限制：根据第 4 款，不得以机械方式自由复制（但可以手工方式复制即抄写）乐谱及整本图书或杂志；根据第 5 款，不得自由复制电子数据库；根据第 6 款，不得发行及公开再现根据第 1 款、第 2 款及第 3 款制作的复制件；根据第 7 款，不得自由录制作品的公开朗诵、演出与放映于录像或录音载体，实施美术作品的平面图与草图及仿造建筑艺术作品。

❷　关于"复制"，见第 16 条。

的及为复制未使用明显违法制作或网络传播❶的样本为限。有权复制的人也可通过他人制作复制件❷，但以这为无偿的或涉及借助任何照相操作方法或具有类似效果的其他方法的复制于纸张或类似载体为限❸。

2. 下列情形中，准许制作或让人制作作品的个别复制件：

（1）为自己科学上的使用，但以复制为该目的所必需且不服务于工商业目的为限；

（2）为收录于自己的档案馆，但以复制为该目的所必需且为复制所用的样本为自己的作品件为限❹；

（3）为使自己了解时事问题，但以涉及通过广播❺所播放的作品为限；

---

❶ 关于"网络传播"，见第 19a 条。

❷ 为私人使用而根据第 1 款第 1 句可自由复制的人不是必须由自己来进行复制，否则只有自己有复制装置的人才能受益于第 1 款第 1 句的规定，因而可以委托第三人（如复印店）复制。该第三人虽然不是根据第 1 款第 1 句而有权复制的人，其复制也没有经权利所有人同意，但其复制行为根据第第 1 款第 2 句不是违法行为。

❸ 借助任何照相操作方法或具有类似效果的其他方法的复制于纸张或类似载体（如复印店的复制），通常是有偿的。而以前述方法之外的如模拟或数字方法进行复制，必须是无偿的，才能由第三人代替有权复制的人进行复制。但"无偿的"并非排除偿还其中所必需的成本费用。

❹ "自己的档案馆"不是为外部的第三人的使用而设立的档案馆，例如图书馆内的或企业内部设立的档案馆。复制他人作品必须是"为收录于自己的档案馆"即归档之目的所必需，例如图书馆为归档之目的而微缩拍摄濒危的馆藏作品样本。如果是为了其他目的例如扩大馆藏作品样本数量而复制，则不适用该规定。

❺ 关于"广播"，见第 20 条。

（4）下列情形中的为其他的自己使用：

1）涉及已出版❶作品的小部分或在报纸或杂志中出版的个别成分❷的，

2）涉及自至少 2 年以来已脱销❸的作品的。

在第 1 句第 2 项的情形中，另外只有存在下列条件之一时才适用该规定：

（1）借助任何照相操作方法或具有类似效果的其他方法复制于纸张或类似载体；

（2）仅模拟❹地使用；

（3）档案馆服务于公共利益且不直接或间接追求经济或营利目的。

在第 1 句第 3 项与第 4 项的情形中，另外只有存在第 2 句第 1 项或第 2 项的条件时，才适用该规定。

3. 为自己使用，准许制作或让人制作作品的小部分、小篇幅作品或在报纸或杂志中出版或网络传播的个别成分，但以为下列目的之一且以复制为该目的所必需

---

❶　关于"出版"，见第 6 条第 2 款。

❷　"作品的小部分"意味着不能复制整个作品，而只能是其中的小部分。报纸与杂志所汇编的"成分"包括作品、数据或其他独立成分。其中的作品，可以是第 2 条第 1 款规定的各种类型的作品，所以既可能是文字作品，也可能是摄影作品、美术作品或音乐作品等。

❸　"脱销"是指出版者不再供应。至于在旧书店能够购买到，并不影响脱销的成立。

❹　模拟属于复制的方法之一。复制的方法还包括照相的方法（如第 2款第 2 句第 1 项）与数字方法。

为限❶：

（1）为在学校、非工商业的教育与继续教育机构及在职业教育机构的教学中的阐明之目的以为教学参与者所必需的数量；

（2）为国家考试及学校、高校、非工商业的教育与继续教育机构及在职业教育机构考试之目的以必需的数量。

总是仅经权利人允许❷，才准许复制被确定为在学校中的教学使用的作品❸。

4. 复制音乐作品的图示记录❹或基本上完全复制图书或杂志时，以不是通过手工抄写的方式复制为限，总是仅经权利人允许，或满足第 2 款第 1 句第 2 项规定的条件，或涉及自至少 2 年以来已脱销的作品时的自己使

---

❶　例如，在考试试卷中复印某篇文学作品的几个段落作为阅读题目，不需要经权利所有人同意。必须是为了阐明教学，即使教学更加容易理解，例如在自然科学的教学中使用图片或在历史、政治或语言教学中使用文章。"作品的小部分"意味着不能复制整个作品，而只能是其中的小部分。"小篇幅作品"意味着可以复制整个作品，因为其篇幅小。报纸与杂志属于汇编（或汇编作品，第 4 条第 1 款）。报纸与杂志所汇编的"成分"包括作品、数据或其他独立成分。其中的作品，可以是第 2 条第 1 款规定的各种类型的作品，所以既可能是文字作品，也可能是摄影作品、美术作品或音乐作品等。

❷　见第 9 页注释❸。

❸　立法者在立理由中指出，该规定的目的在于避免侵入学校图书如教材出版的一级市场（见 BT-Drucks.，16 / 1828，S. 45）。

❹　指乐谱。

用，才予以准许❶。

5. 第 1 款、第 2 款第 1 句第 2～4 项及第 3 款第 2 项不适用于借助电子手段能够进入各单独成分的数据库作品❷。第 2 款第 1 句第 1 项及第 3 款第 1 项适用于该类数据库作品，但以科学上与教学中的使用未服务于工商业目的为限。

6. 既不得发行复制件，也不得为公开再现目的使用复制件❸。但准许出借合法制作的报纸及已脱销作品的复制件及通过复制件代替小的损害或丢失部分的作品件❹。

7. 总是仅经权利人允许，才准许录制作品的公开朗

---

❶ 该规定产生的原因是，复制乐谱或者整本图书或杂志将影响出版者对其出版物的销售，而这通过向复制者主张支付报酬请求权又不能得到充分补偿（见 BT-Drucks. 10 / 837, S. 17）。

❷ 只有在为私人使用（第 1 款）或自己使用（第 2 款与第 3 款）而复制电子数据库作品时，才受到第 5 款第 1 句的限制。而复制非电子的如以模拟形式存在的数据库作品时，不受该规定的限制。关于数据库作品，见第 4 条第 2 款。

❸ 第 6 款第 1 句实际上不是对第 1 款、第 2 款及第 3 款规定的复制自由的限制。因为为私人或自己使用而有权复制的人所获得的本来就只是复制权，并没有获得发行权及公开再现权。第 1 款、第 2 款及第 3 款只是对复制权的限制，而不是对发行权及公开再现权的限制。所以第 6 款第 1 句只是起"提醒"作用，提醒有权复制的人不要发行及公开再现复制件。关于"发行"及"公开再现"，分别见第 17 条及第 15 条第 2 款。其中，公开再现是指与复制及发行等以有体的形式利用作品相对应的以无体的形式利用作品，包括朗诵、演出与放映（第 19 条）、网络传播（第 19a 条）及广播（第 20 条）等。

❹ 例如图书馆丢失了数页的图书，通过复制而补齐了丢失页之后，仍然可以出借。关于"出借"，见第 27 条第 2 款。

诵、演出与放映于录像或录音载体，实施美术作品的平面图与草图及仿造建筑艺术作品❶。

第 53a 条 应预订而寄送复制件

1. 准许应个别的预订而由公共图书馆复制及通过邮政或传真转送在报纸与杂志中出版的个别成分及已出版的作品的小部分❷，但以预订者的使用根据第 53 条而予以准许为限。只有仅作为图像电子文件且为了阐明教学或为了科学研究目的，且以因追求非工商业目的而具有合理理由为限，才准许以其他电子形式复制与转送❸。此外，仅公众成员不可以明显地在其选定的地点与时间根据合同约定以合理的条件获取前述成分或作品的小部

---

❶ 作品的"非公开"的如在录音室所进行的朗诵、演出及放映，不受第 7 款的限制。关于"朗诵"、"演出"及"放映"分别见第 19 条第 1 款、第 2 款、第 3 款及第 4 款。关于"录像或录音载体"，见第 16 条第 2 款。

❷ 关于"复制"，见第 16 条。通过邮政转送包括通过邮局、快递公司或信使转送。其特点是转送的是作品的有体的复制件。"转送"属于第 17 条规定的"发行"行为。因而第 53a 条不但是对复制权的限制，也是对发行权的限制。关于"出版"，见第 6 条第 2 款。报纸与杂志所汇编的"成分"包括作品、数据或其他独立成分。其中的作品，可以是第 2 条第 1 款规定的各种类型的作品，所以既可能是文字作品，也可能是摄影作品、美术作品或音乐作品等。"作品的小部分"意味着不能复制整个作品，而只能是其中的小部分。

❸ 对于"图像电子文件"，虽然可以阅读，但不能进行其他的电子使用如电子检索。预订者通过电子图像文件虽然可以阅读到其所预订的杂志文章，但不能看到杂志的其他文章。因而这种电子寄送在功能上等同于通过邮局寄送有体的复制件，不会损害到作者的其他利益。"其他电子形式"是指除传真之外的电子形式。传真也属于一种电子形式。

分时，才准许以其他电子形式复制与转送❶。

2. 对于复制与转送，应支付作者合理的报酬。该请求权仅可通过集体管理组织主张❷。

第54条 支付报酬的义务

1. 根据作品的性质可以期待，其将根据第53条第1～3款而被复制的，对根据其类型而单独或与其他装置、存储媒介或零配件相连接而被用于此类复制的装置或存储媒介的制造者，作品的作者有支付合理报酬的请求权。

2. 根据情形可以期待，装置或存储媒介在本法适用范围内不被用于复制的，第1款规定的请求权消灭。

第54a条 报酬额

1. 报酬额的决定因素是装置与存储媒介作为类型实际上被用于第53条第1～3款规定的复制的程度。在此必须考虑第95a条规定的技术保护措施适用于相关作品的程度。

2. 为装置所支付的报酬应如此构成，即考虑到为被其所包含的存储媒介或为功能上与其共同作用的其他装置或存储媒介而所承担的支付报酬的义务，该报酬作为

---

❶ 出版者在网上提供作品的，则首先应与出版者协商，通过合同来获取作品。只有出版者不在网上提供作品，或虽然在网上提供作品，但通过协商在合理条件下仍拒绝提供作品时，才适用第53a条不经权利所有人同意也可复制作品。其中，公众成员可以"在其选定的地点与时间"获取作品，即是指第19a条的"网络传播"。

❷ 此外，根据第63a条，作者不得事先放弃该支付报酬请求权，事先仅可将其让与集体管理组织。

一个整体也是合理的❶。

3. 在确定报酬额时，应考虑装置及存储媒介与使用相关的特性，特别是装置的性能及存储媒介的存储容量与可重写性。

4. 该报酬不得不合理地不利于装置与存储媒介的制造者；其必须与装置或存储媒介的价格水平处于经济上的合理关系之中。

第54b条　销售商与进口者的支付报酬义务

1. 除制造者外，在本法适用范围内基于工商业目的而进口或再进口装置或存储媒介的人或销售装置或存储媒介的人，作为连带债务人负责任。

2. 进口者是指将装置或存储媒介带入或让人带入本法适用范围内的人❷。进口是基于与在国外居住的人的合同的，仅在本法适用范围内居住的合同当事人才是进口者，但以其基于工商业目的而活动为限❸。仅作为承运代理商、承运人或处于类似位置而带入货物的人，不是进口者。将标的从第三国带到或让人带到《理事会

---

❶　即应减去为其他装置或存储媒介已经支付的报酬。

❷　旅游者为私人使用目的而从国外带回装置或存储媒介，也属于这里的进口者。但是根据第1款，仅基于工商业目的而进口的人，才负支付作者的报酬的义务。

❸　进口是基于与在国外居住的人的合同的，在本法适用范围内居住的合同当事人基于工商业目的而活动的（如以继续销售或在自己企业中使用为目的），则仅该合同当事人为进口者。如果在本法适用范围内居住的合同当事人并非基于工商业目的而活动如由国外企业直接寄送给最终的私人消费者的，则该国外企业作为进口者承担支付作者报酬的义务（见AmtlBegr. BR-Drucks，218／94，S. 20）。

1992 年 10 月 12 日为确定共同体关税法的（欧洲经济共同体）2913 / 92 号条例》（《欧洲共同体官方公报》，L 302 号，第 1 页）第 12 条规定的自由区或自由仓的，仅当标的在这些区域使用或在关税法上的自由流通而转运时，才当做进口者看待。

3. 下列情形中，销售商支付报酬的义务消灭：

（1）销售商从负支付报酬义务的人购进装置或存储媒介，而该负支付报酬义务的人受关于支付报酬的总合同约束❶；

（2）销售商在 1 月 10 日及 7 月 10 日向第 54h 条第 3 款规定的接收处书面告知了前半个日历年度购进的装置与存储媒介的类型、数量及购进来源。

第 54c 条 复印机经营者支付报酬的义务

1. 第 54 条第 1 款所称类型的、通过复印或具有相似效果的方式而进行复制的装置，被在学校、高校及职业教育机构或其他教育与继续教育机构（教育机构）、研究机构、公共图书馆及为有偿复印提供该装置的机构经营的，作者对该装置的经营者也有支付合理报酬的请求权。

2. 经营者总共所负的报酬额根据装置的性质及根据情形特别是根据地点与通常的使用而可能获得的收益范

---

❶ "负支付报酬义务的人"可以是制造者、进口者或批发商。"总合同"（Gesamtverträge）是指《著作权行使保障法》第 12 条规定的由集体管理组织（第 54h 条）及其指定的接收处（第 54h 条）与负支付报酬义务的人的团体签订的合同。

围计算。

第 54d 条　标明义务

以根据《营业税法》第 14 条第 2 款第 1 句第 2 项第 2 句存在给予账单的义务为限，必须在第 54 条第 1 款所称的装置或存储媒介的转让或其他交易❶的账单中标明分摊到装置或存储媒介的作者报酬。

第 54e 条　申报义务

1. 在本法适用范围内基于工商业目的而进口或再进口装置或存储媒介的人，对作者负向第 54h 条第 3 款所称的接收处每月到每个历月届满之后的第 10 日为止书面告知所进口标的的类型与数量的义务。

2. 负申报义务的人未履行、仅不完整地或不准确地履行其申报义务的，可请求双倍的报酬额。

第 54f 条　提供信息义务

1. 作者可以请求根据第 54 条或第 54b 条负支付报酬义务的人提供关于在本法适用范围内转让或交易❷的装置与存储媒介的信息。销售商的提供信息义务也延及于说明购进来源；在第 54b 条第 3 款第 1 项的情形中也存在该义务。准用第 26 条第 7 款。

2. 作者可以请求在第 54c 条第 1 款意义的机构的装置的经营者提供为计算报酬所必需的信息。

3. 负支付报酬义务的人未履行、仅不完整地或不准

---

❶　关于"转让"与"交易"，见第 17 条及第 17 页注释❻。

❷　同本页注释❶。

确地履行其提供信息义务的，可请求双倍的报酬额。

第 54g 条 检查

以为计算经营者根据第 54c 条所负的报酬所必需为限，作者可以请求允许其在通常的工作或营业时间进入为有偿复印提供装置的经营者的企业或营业场所。必须以不导致可避免的经营干扰的方式进行检查。

第 54h 条 集体管理组织；告知

1. 第 54～54c 条、第 54e 条第 2 款、第 54f 条及第 54g 条规定的请求权仅可通过集体管理组织主张❶。

2. 每个权利人对根据第 54～54c 条所支付的报酬享有合理的份额。以作品根据第 95a 条受技术措施保护为限，其在收入分配时不予以考虑❷。

3. 为进行第 54b 条第 3 款及第 54e 条规定的告知，各集体管理组织应将共同的接收处❸通知德国专利与商标局。德国专利与商标局将该接收处公布于《联邦公告》。

---

❶ 第 54～54c 条规定的支付报酬请求权、第 54e 条第 2 款与第 54f 条第 3 款规定的双倍报酬率请求权、第 54f 条第 1 款与第 2 款规定的提供信息请求权及第 54g 条规定的检查请求权仅可通过集体管理组织主张。

❷ 作品受技术措施保护的，不能进行第 53 条第 1～3 款规定的为私人及其他个人使用的复制，因而不能请求支付报酬。

❸ 对于第 54～54c 条规定的支付报酬请求权，由多个集体管理组织参与行使。为减轻销售商根据第 54b 条第 3 款及进口者根据第 54e 条而承担的告知负担、简化告知程序及确定一个共同的接收地址，各集体管理组织应确定一个共同的接收处。

4. 德国专利与商标局可在《联邦公告》上公布第54b 条第 3 款第 2 项及第 54e 条规定的告知的样本形式。样本形式得以公布的，应予以使用。

5. 集体管理组织与接收处仅可为了主张第 1 款规定的请求权才能使用根据 54b 条第 3 款第 2 项、第 54e 条及第 54f 条获得的信息❶。

第 55 条 *广播组织的复制*

1. 有权广播作品的广播组织可以自己的手段录制作品于录像或录音载体，以便为通过其每个发射器或发射天线进行一次广播目的而使用该录像或录音载体❷。至迟应在第一次广播作品后 1 个月内删除该录像或录音载体。

2. 具有异常纪录价值的录像或录音载体，被收藏于

---

❶ 制造者、进口者及销售商根据 54b 条第 3 款第 2 项、第 54e 条及第 54f 条所提供的信息如购进来源及销售额等，属于企业秘密。集体管理组织与接收处仅可为了主张第 54h 条第 1 款规定的请求权才能使用这些信息，为了其他目的则不能使用。集体管理组织与接收处因此承担法定的保密义务。

❷ 立法理由是：广播组织的广播节目现在通常不是现场直播，而是先录制节目再播放，为此准许不经作者同意也可以录制作品于录像或录音载体（见 AmtlBegr. UFITA 45［1965］240／291）。根据第 16 条第 2 款，"录制作品于录像或录音载体"属于复制行为，因而该规定是对复制权的限制。但是，只有广播组织为广播目的而可以预先录制于录像或录音载体。而且，广播组织只能用自己的手段（这里主要指"技术手段"）而不得使用他人（如具有独立法律地位的录音室）的技术手段录制；所录制的录像或录音载体通过广播组织的每个发射器或发射天线只能广播一次，而不得广播多次。

官方档案馆的，不需要删除❶。应将收藏于档案馆之情况不迟延地通知作者。

第 55a 条　使用数据库作品

准许经作者同意通过转让而被交易的数据库作品的复制件的所有人、以其他方式有权使用数据库作品的人或基于与作者或经作者同意与第三人签订的合同而获取数据库作品的人演绎与复制数据库作品，但以演绎或复制为获取数据库作品的组成部分及为其通常的使用所必需为限❷。基于第 1 句规定的合同而仅获取数据库作品

---

❶　准许收藏录像或录音载体于官方档案馆，只是免除了删除之义务，并未因此产生某种使用权（第 31 条第 1 款）。该录像或录音载体只能作为归档之用，不能作为广播之用。公法上的电视组织（如公立电视台）所设立的档案室也属于官方档案馆。

❷　该规定是对数据库作品的演绎权与复制权的限制。关于"数据库作品"，见第 4 条第 2 款；关于"转让"与"交易"，见第 17 条及第 17 页注释❻；关于"演绎"与"复制"，分别见第 3 条及第 16 条。数据库作品的演绎，是指对数据库的内容成分（作品、数据或其他独立成分）的选择或编排的改变，例如为了与自己个人的使用愿望相一致而增加说明或建立特别的读出模式。数据库的复制，在电子数据库中，通常涉及存储于电子数据载体（如电脑硬盘、软盘、CD-ROM、DVD 或记忆棒等）、装载于电脑内存或通过浏览器浏览等；在非电子数据库作品中，通常涉及通过影印、静电或晒图等方法的复印。第 55a 条仅准许演绎与复制数据库作品，而不涉及数据库的内容成分（作品、数据或其他独立成分）。仅涉及与数据库的结构相关的部分，例如获取系统、读出系统、目录或索引等。使用数据库所包含的享有著作权保护的作品，需经该作品的著作权所有人同意。

根据第 55a 条有权演绎与复制数据库作品的人为经作者同意通过转让而被交易的数据库作品的复制件的所有人（涉及离线使用，例如购买了包含数据库作品的 CD-ROM 的人）、以其他方式有权使用数据库作品的人（也涉及离线使用，例如租用包含数据库作品的 CD-ROM 的人）或基于与作者或经作者同意与第三人签订的合同而获取数据库作品的人　（转下页）

的一部分的，仅准许演绎与复制该部分。相反的合同约定无效❶。

第 56 条　营业中的复制与公开再现

1. 在销售或修理用于制作或再现录像或录音载体、接收广播或电子数据处理的装置❷的营业中，准许录制作品于录像或录音载体、通过录像或录音载体或数据载体使作品可公开感知、使广播可公开感知及网络传播作品，但以为向顾客演示或修理装置所必需为限❸。

（接上页）（涉及在线使用。在在线使用中通常以与数据库供应者签订的许可合同为基础。使用者可以获取、下载及通过浏览器浏览等使用数据库作品）。

演绎或复制数据库作品必须是为获取数据库作品的组成部分及为其通常的使用所必需。例如，下载及通过浏览器浏览为通常的使用所必需。没有这些行为，根本就不可能使用电子数据库。

❶　因为第 55a 条为著作权法中的强行规定，因而与第 55a 条相反的合同约定无效。

❷　录音机、录像机、摄像机、手提摄录机及 CD 唱机等是用于制作或再现录像或录音载体的装置；收音机及电视机为接收广播的装置；用于电子数据处理的装置是指用于传送数字化作品的装置，例如计算机屏幕、计算机的打印机、调制解调器及放放 CD-ROM 与 DVD 驱动器等。

❸　在录音机、录像机、摄像机、收音机、电视机、计算机屏幕及打印机等的销售中，通常需要向顾客演示这些装置的性能；在修理这些装置时，也需要向顾客演示修理的成效，因而第 56 条准许为向顾客演示或修理这些装置而录制作品于录像或录音载体（第 16 条第 2 款规定的复制，因而是对复制权的限制）、通过录像或录音载体或数据载体使作品可公开感知（对第 21 条规定的录音录像载体的再现权的限制）、使广播可公开感知（对第 22 条规定的广播的再现权的限制）及网络传播作品（对第 19a 条规定的网络传播权的限制）。

根据第 16 条第 2 款，录像或录音载体是指能重复再现画面或声音序列的装置。因而对于与单个的画面或声音而非与画面或声音序列相关的复印机、传真机、照相机及幻灯机等，不适用第 56 条。

2. 根据第 1 款制作的录像或录音载体或数据载体应不迟延地予以删除。

第 57 条 不重要的附属

作品被作为复制、发行或公开再现的真正标的之外的不重要的附属看待的，准许复制、发行及公开再现该作品❶。

第 58 条 展览、公开销售及对公众开放的机构中的作品

1. 以能为促进活动所必需为限，准许举办者为广告目的复制、发行及网络传播已公开展览或确定用于公开

---

❶ 第 57 条是对复制权、发行权及公开再现权的限制。因而除了展览权（第 18 条）之外，著作权中的利用权都受到限制。关于"复制"、"发行"及"公开再现"，分别见第 16 条、第 17 条及第 15 条第 2 款。其中，公开再现是指与复制及发行等以有体的形式利用作品相对应的以无体的形式利用作品，包括朗诵、演出与放映（第 19 条）、网络传播（第 19a 条）及广播（第 20 条）等。

作品被作为复制、发行或公开再现的真正标的（包括作品及不享有著作权保护的其他对象）之外的不重要的附属看待，是指该作品偶然地及附带地出现于真正标的之中，且该作品与真正标的之间无内容上的联系，因而即使被替换也不会影响真正标的的总体效果与利用价值。例如，在纪实电影片中，其中的一个街道场景包含了偶然从打开的窗户传出来的广播音乐，因而在再现（放映电影）时即使再现该作为电影作品不重要的附属的音乐作品也无需经音乐作品的著作权所有人同意。但在犯罪电影片中，其中的一个发生于别墅的谋杀场景包含了悬挂在墙壁上的美术作品，则该美术作品不属于电影作品的附属，因为该美术作品烘托了谋杀的氛围。第 57 条是对第 50 条的补充。

展览或公开销售的美术作品与摄影作品❶。

2. 此外，准许在由对公众开放的图书馆、教育机构或博物馆所编的、在内容上或时间上与展览相关联或为了记载馆藏的目录中复制与发行第 1 款所称的作品，但以不通过该目录追求独立的营利目的为限。

第 59 条　公共场所中的作品

1. 准许以绘画或版画的方式或通过摄影或电影而复制、发行及公开再现永久地位于公共道路、公共街道或公共场所中的作品❷。在建筑作品中，该权限仅延及其

---

❶　例如美术或摄影展的举办者虽然获得的只是作者授予展览美术作品或摄影作品的权利（第 18 条结合第 31 条第 1 款），但为了广告目的，其可以不经作者同意而在展览目录或展览广告单中印制美术作品或摄影作品（对第 16 条规定的复制权的限制），并随目录或广告单发放及上传到网上而发行及网络传播美术作品或摄影作品（对第 17 条规定的发行权及对第 19a 条规定的网络传播权的限制）。艺术品拍卖商同样也可以在拍卖目录或广告单中印制将拍卖的美术作品或摄影作品。但根据第 2 款，不能对网络传播权予以限制。关于"美术作品"与"摄影作品"，分别见第 2 条第 1 款第 4 项与第 5 项。

❷　风景明信片、带插图的旅游书或城市旅游指南中印制了位于公共道路、街道或场所的美术作品或建筑作品的，根据第 59 条无需经这些作品的著作权所有人同意。第 59 条是对复制权、发行权及公开再现权的限制。因而除了展览权（第 18 条）之外，著作权中的利用权都受到限制。关于"复制"、"发行"及"公开再现"，分别见第 16 条、第 17 条及第 15 条第 2 款。其中，公开再现是指与复制及发行等以有体的形式利用作品相对应的以无体的形式利用作品，包括朗诵、演出与放映（第 19 条）、网络传播（第 19a 条）及广播（第 20 条）等。

第 59 条涉及的作品主要是美术作品（如纪念碑或纪念像、雕塑、浮雕及墙壁图画等）与建筑作品。这些作品必须永久地位于公共道路、公共街道或公共场所中。这里的"公共"并不是指产权公共，而是指任 （转下页）

外观❶。

2.不得复制一个建筑作品❷。

第60条 画像

1.准许由画像的订作者、其权利继受人、在因订作
而完成的画像中由被画像的人、在该被画像的人死亡之
后由其亲属或由受这些人之一委托而从事行为的第三人
复制及无偿地以非营利为目的地发行画像❸。该画像为

（接上页）何人可以自由进入。例如，商场的私人道路及停车场也属于公共
道路及场所。公众在这些场所必须不借助其他辅助物（如梯子）就能观察
到作品。但远距离拍摄镜头不属于这里的辅助物，而是复制装置。受时间
限制（例如9月至10月期间）的在公共场所的美术作品的展出，不是"永
久地"位于公共场所，因而复制与发行该美术作品需经作者同意。经过半
个月就融化的雪雕，在其存续期间位于公共场所的，也构成"永久地"
位于。

必须是以绘画或版画的方式或通过摄影或电影复制上述作品。"以绘画
或版画的方式复制"意味着只能进行二维复制，而不能进行三维即立体复
制（仿造建筑物原型或建筑物缩小的木质、金属或瓷质模型）。通过摄影或
电影进行复制的结果可能是摄影作品（第2条第1款第5项），也可能是照
片（第72条）；可能是电影作品（第2条第1款第6项），也可能是活动照
片（第95条）。

❶ 因而未经建筑作品的著作权所有人同意不得复制建筑的室内。

❷ 是指不得复制一个完整的建筑作品（结合第1款第2句，即一个
完整的建筑作品的外观），不管是二维复制（拍照）还是立体复制（仿造），
因为第1款所准许的复制只是准许在美术价值上利用建筑作品，而不准许
在没有支付著作权所有人报酬的情况下在原本的实用价值上利用建筑作品。
但复制建筑作品的一部分例如位于街道的墙面，则是准许的。

❸ 第60条规定的画像是指个人外观的呈现，而不包括风景画、实物
画及动物画。被画像的人必须是该呈现的唯一或主要对象，但不需要占据
全画面。个人只是风景画的一部分的，不构成这里的画像。不一 （转下页）

美术作品的，仅准许通过拍摄的方式予以利用❶。

2. 第 1 款第 1 句意义的亲属是指配偶或生活伴侣❷及孩子，或既没有配偶或生活伴侣又没有孩子的，是指父母。

（接上页）定只是个人的，也可以是多人的（如集体照）。画像的方式多种多样，可以是二维的，如第 2 条第 1 款第 4 项或第 5 项意义的美术作品（如油画）或摄影作品，或是第 72 条规定的照片；也可以是三维的，如塑像、雕像或浮雕等。

第 60 条规定的画像只涉及定做的画像。由摄影师自己所拍而非定做的画像，其著作权不适用第 60 条而受到限制，即被画像的人未经作者（摄影师）的同意不得复制。但在这种情况下，作者利用画像时需要注意不得侵害被画像人的人格权。

受第 60 条限制的是复制权与发行权。关于"复制"与"发行"，分别见第 16 条与第 17 条。在实践中主要涉及的是摄影。摄影师拍摄好照片之后，著作权归摄影师所有。但被拍摄的人或其亲属可以根据第 60 条不经作者同意而请其他人再冲洗照片并进行赠送（复制与发行）。

根据第 60 条有权复制与发行的人是画像的订作者或订作者的权利继受人，在订作者与被画像的人不是同一人的情况下被画像的人或其亲属，及由受这些人之一委托而从事行为的第三人（即受委托而复制画像的人如其他摄影师）。

上述人只能无偿地以非营利目的发行画像，例如赠送画像。被画像的人或其亲属应报社征文而将画像交给报社使用的，需经著作权所有人同意，因为报社不是无偿地发行报纸。

❶　例如对于构成美术作品的雕塑，只能通过摄影的方式，而不能通过临摹的方式复制。因为相较于临摹，在摄影的情况下作品一般不会被歪曲（第 14 条）。

❷　"生活伴侣"限于同性之间。因为德国《民法典》中的婚姻关系限于异性之间，而在德国也存在类似婚姻关系的同性关系，为此德国颁布了《生活伴侣法》，规定经过登记的同性生活伴侣关系在财产、继承等方面也具有类似于婚姻关系的效力。这样也避免了对《民法典》中的婚姻制度作根本性的修改。

第 **61** 条（已废除）

第 **62** 条　禁止修改

1. 以根据本章规定❶准许使用作品为限，不得修改作品。准用第 39 条。

2. 以为使用目的所必需为限，准许翻译❷及如此修改作品，即仅节录或以其他音调或音域进行转换❸。

3. 对于美术作品与摄影作品，准许改变作品大小❹及为复制而使用的方法❺所导致的修改。

4. 对于为教堂、学校或教学使用的汇编作品（第 46 条），除第 1～3 款所准许的修改外，还准许为教堂、学校或教学使用所必需而修改语言作品❻。但该修改需经作者同意，在作者死亡之后需经其权利继受人（第 30 条）同意，但以该权利继受人为作者亲属（第 60 条第 2 款）或基于作者的终意处分❼而获得著作权为限。作者

---

❶　第六章"著作权的限制"第 44a～60 条。

❷　例如在引用（第 51 条）外文时，准许翻译成本国语言。

❸　例如在时事事件中报道（第 50 条）或引用（第 51 条）作品时，可以节录。在小学一年级的歌曲教材中，相对于高年级的歌曲教材可以降低曲的音调。

❹　例如在时事事件中报道（第 50 条）或引用（第 51 条）美术作品或摄影作品时，可以放大或缩小美术作品或摄影作品。

❺　例如在时事事件中报道（第 50 条）美术作品或摄影作品时，报纸可以将彩色美术作品或摄影作品仅以黑白形式印制出来。

❻　第 1～3 款所准许的修改所包含的范围极广，实际上除了这些修改之外，已经很难想象到还有其他所必需的修改形式（见 Dreier / Schulze, Kommentar zum UrhG, Verlag C. H. Beck, 2008, 3. Auflage, § 62 Rn. 21）。关于"语言作品"，见第 2 条第 1 款第 1 项。

❼　见第 38 页注释❶。

或权利继受人在通知其将作的修改之后 1 个月内未反对且在修改通知中向其指明了该法律后果的，视为❶同意。

第 63 条　注明来源

1. 作品或作品的一部分在第 45 条第 1 款、第 45a～48 条、第 50 条、第 51 条、第 53 条第 2 款第 1 句第 1 项与第 3 款第 1 项、第 58 条及第 59 条的情形中被复制❷的，应总是清楚地注明来源。复制整个语言作品或音乐作品时，除作者外也要注明出版作品的出版者。此外，应注明是否删减了作品或对作品作了其他修改。来源既未在被使用的作品件上或在被使用的作品再现中被标明，也未以其他方式为有权复制的人所知的，注明来源之义务消灭。

2. 根据本章规定❸准许公开再现❹作品的，以交易惯例要求为限，应清楚地注明来源。在根据第 46 条、第 48 条、第 51 条及第 52a 条而公开再现的情形中，应总是注明包括作者姓名在内的来源，但不可能注明的除外。

3. 报纸或其他信息页中的文章根据第 49 条第 1 款被刊登于其他报纸或其他信息页或通过广播播放的，除在被使用的来源中被标明的作者之外，也应总是注明文

---

❶　"视为"意味着是一种拟制的推定。

❷　关于"复制"，见第 16 条。

❸　第六章"著作权的限制"第 44a～60 条。

❹　关于"公开再现"，见第 15 条第 2 款，是指以无体的形式利用作品，包括朗诵、演出、放映、网络传播及广播等。由于第 37 条第 2 款所规定的公开再现与相关"活动"相联系，因而这里的公开再现是指第 19 条第 1 款与第 2 款规定的朗诵与演出。

章所来自的报纸或信息页；在文章所来自的报纸或信息页中，其他的报纸或信息页被作为来源注明的，应注明该其他的报纸或信息页。广播评论根据第 49 条第 1 款被刊登于报纸或其他信息页或通过广播播放的，除作者之外，也应总是注明播放评论的广播组织。

第 63a 条　法定的支付报酬请求权

作者不得事先放弃本章中的法定支付报酬请求权❶。事先仅可将其让与集体管理组织，或出版者将其交由对出版者与作者的权利予以共同管理的集体管理组织管理时，连同出版权的授予仅可将其让与出版者❷。

---

❶ "本章中的法定报酬请求权"是指第六章"著作权的限制"第 45a 条第 2 款、第 46 条第 4 款、第 47 条第 2 款、第 49 条第 1 款第 2 句、第 52 条第 1 款第 2 句与第 2 款第 2 句、第 52a 条第 4 款第 1 句、第 52b 条第 3 句、第 53a 条第 2 款及第 54 条结合第 54a 条规定的支付报酬请求权。这些支付报酬请求权是基于法定许可中的使用权而产生，而第 32 条及第 32a 条规定的支付报酬请求权是基于约定许可中的使用权（第 31 条第 1 款）而产生。不得"事先"放弃是指不得在法定的支付报酬请求权产生之前放弃，而在产生之后则可以放弃。

❷ 法定的支付报酬请求权可以让与，但在其产生之前即事先只能让与集体管理组织，以避免他人通过与作者签订合同"强迫"作者事先将该请求权让与给该他人，从而使法定的支付报酬请求权的保护目标落空。当然在产生之后，一般是由集体管理组织行使，因而不存在这种危险。此外，还可以在授予出版者以出版权（复制权与发行权的结合）时，可以事先将法定支付报酬请求权让与出版者，但前提条件是出版者将该支付报酬请求权交由本来就对出版者与作者的权利予以共同管理的集体管理组织行使。

第七章 著作权的期限

第 64 条 一般规定

著作权在作者死亡之后 70 年消灭❶。

第 65 条 共同作者，电影作品

1. 著作权归多个共同作者（第 8 条）享有的，该著作权在寿命最长的共同作者死亡之后 70 年消灭。

2. 在电影作品及以与电影作品类似方式创作的作品中，著作权在寿命最长的下列人员死亡之后 70 年消灭：主要导演、剧本作者、对白作者及为相关电影作品所创作的音乐的作曲者❷。

---

❶ 意味着著作人格权也不是一种永恒权利，也在作者死亡之后 70 年消灭。因为著作权保护的人格利益，仅限于作者与作品相联系的人格利益，所以在作者死亡之后，也就失去了这种联系。当然，即使在作者死亡之后，也有人能回忆起作者。所以德国规定著作权在作者死亡之后 70 年消灭。

❷ 根据第 89 条第 3 款及第 93 条第 1 款第 1 句可以反推出，为拍摄电影而所使用的作品如小说、剧本及电影音乐等，不属于电影作品。而且从第 89 条第 1 款第 1 句的规定可以看出，在德国《著作权法》中，电影作品自拍摄工作开始才产生，拍摄之前存在的用于电影拍摄的作品因而不属于电影作品。将为拍摄电影而所使用的作品与电影作品区别开来，也是德国《著作权法》的特色。例如，在法国《知识产权法典》（L. 113 - 7）中，剧本作者与电影歌曲的作曲者也属于电影作品作者。而欧共体《著作权保护期限指令》也与法国法相同。为了转化该指令，德国《著作权法》第 65 条第 2 款作出了与该法整个体系及原则相违背的规定：电影作品著作权保护期限根据主要导演、剧本作者、对白作者及为相关电影作品所创作的音乐的作曲者的寿命确定。其中，只有主要导演是电影作品作者，而 （转下页）

第 66 条 匿名与假名作品

1. 在匿名与假名作品中，著作权在发表❶之后 70 年消灭。但在创作作品之后 70 年，以作品在该期限内未发表为限，著作权就已消灭。

2. 作者在第 1 款第 1 句所称的期限内公开了其身份或作者所用假名未使其身份存在疑问❷的，著作权的期限根据第 64 条、第 65 条计算。作者的真实姓名在第 1 款第 1 句所称的期限内被登记于匿名与假名作品登记簿（第 138 条）的，同样适用该规定。

3. 作者、其死亡之后其权利继受人（第 30 条）或遗嘱执行人（第 28 条第 2 款）有权实施第 2 款规定的行为。

第 67 条 连续作品

在以内容上未结束的部分（分卷）发表的作品中，每一分卷的保护期限在第 66 条第 1 款第 1 句的情形中单独地自该分卷发表之时计算❸。

第 68 条（已废除）

（接上页）剧本作者、对白作者及为相关电影作品所创作的音乐的作曲者是为拍摄电影所使用的作品作者。

❶　关于"发表"，见第 6 条第 1 款。

❷　是指即使使用假名，但（例如因为知名度）公众也知道作者的真实身份。

❸　以作者真名发表的连续作品的保护期限根据第 64 条计算。连续作品的分卷必须是内容上未结束的部分，例如连载小说连载在报纸或杂志中的各章节。如果是内容上已结束的部分，例如就某一个主题发表的系列文章，则不构成连续作品的分卷。关于"发表"，见第 6 条第 1 款。

第 69 条 期限的计算

本章规定的期限自对期限的开始具有决定意义的事件的发生所在日历年度届满起算❶。

第八章　对计算机程序的特别规定

第 69a 条 保护对象

1. 本法意义的计算机程序是指包含准备性的设计材料❷在内的任何形式❸的程序。

2. 被授予的保护适用于计算机程序的所有表现形式。作为计算机程序组成部分基础的思想与基本原则，包含作为界面基础的思想与基本原则在内，不受保护。

3. 计算机程序是其作者个人智力创作结果意义的独特作品的，该计算机程序应受保护。为确定其受保护性，不应适用其他标准特别是质量或美学标准。

---

❶ "本章规定的期限"是指第七章第 64～67 条规定的著作权的期限。为了简化，著作权的期限根据日历年度起算。例如作者在 1980 年 7 月 10 日死亡，则第 64 条规定的 70 年期限自 1981 年 1 月 1 日开始起算，至 2050 年 12 月 31 日届满。著作权的期限的起算与著作权保护的产生时间不能混淆。根据第 7 条，著作权自创作作品时产生。例如，作者在 1980 年 7 月 10 日写了一篇散文，则著作权保护的产生时间是 1980 年 7 月 10 日，而不是 1981 年 1 月 1 日。第 69 条只是规定了著作权的期限的起算，该期限届满则著作权保护终止。

❷ 准备性的设计材料包括程序之前的所有阶段如流程图。

❸ 包括软件形式及内化于硬件的形式。

4. 以本章❶未作其他规定为限，适用于语言作品之规定适用于计算机程序。

5. 第 95a～95d 条之规定不适用于计算机程序❷。

第 69b 条　雇用或职务关系中的作者

1. 以无其他约定为限，作者执行其任务或根据其雇主的指示而创作计算机程序的，仅雇主有权行使对计算机程序的所有财产性的权限。

2. 第 1 款准用于职务关系。

第 69c 条　需经同意的行为❸

权利所有人有实施或准许下列行为❹的排他权利：

（1）借助任何手段以任何形式全部或部分地、永久或临时地复制❺计算机程序。以计算机程序的载入、显示、运行、转换或存储要求复制为限，这些行为需经权利所有人同意；

（2）翻译、演绎与整理计算机程序、对计算机程序

---

❶　第八章"对计算机程序的特别规定"。

❷　第 95a～95d 条是关于技术措施保护及关于技术措施保护之规避的规定。之所以排除这些规定的适用，是因为对于计算机程序的规避保护已专门规定于第 69f 条第 2 款，使用者也根据第 69g 条第 2 款享有制作备份件（第 69d 条第 2 款）及解码（第 69e 条）的权利。

❸　根据第 69c 条，计算机程序的作者或其权利继受人享有复制权（第 1 项）、改变权（第 2 项）、发行权及公开再现权（第 4 项）。

❹　"准许下列行为"意味着权利所有人（作者或其权利继受人）可以授予他人使用权（第 31 条第 1 款）。

❺　关于"复制"，参见第 16 条。

作其他改变❶及复制所获得的结果。演绎程序的人的权利，不受影响❷；

（3）包含出租在内以任何形式发行计算机程序的原件或复制件。计算机程序的复制件经权利所有人同意在欧盟或《欧洲经济区协议》的成员国以转让的方式被交易的，与该复制件相关的除出租权之外的发行权穷竭❸；

（4）通过有线或无线公开再现❹计算机程序，包含使公众成员在其选定的地点与时间可以获取的网络传播在内。

第 69d 条 需经同意的行为的除外情形

1. 以不存在特别的合同规定为限，在由有权使用程序复制件的任何人为包含排除错误在内的对计算机程序的合目的使用所必需时，第 69c 条第 1 项和第 2 项所称的行为无需经权利所有人同意。

2. 由有权使用程序的人制作备份文件，在为保证将来使用所必需时，不得在合同中予以拒绝。

3. 有权使用程序复制件的人，为查明作为程序组成部分基础的思想与基本原则，可不经权利所有人同意而监视、研究及测试程序的正常运转，但以这些发生于其有权执行的程序载入、显示、运行、转换或存储时为限。

---

❶　关于"翻译"、"演绎"及"改变"，见第 3 条、第 23 条及对条文所作的注释。在第 69c 条第 2 项中，整理也属于改变的方式。

❷　被演绎的计算机程序的作者或其权利继受人对其计算机程序享有演绎权。但是，演绎人对计算机程序的演绎所享有的著作权，不取决于是否征得了被演绎的计算机程序的作者或其权利继受人的同意。

❸　关于"发行"，见第 17 条。关于发行权的穷竭，参见第 18 页注释❷。

❹　见第 77 页注释❶。

第 69e 条 *解码*

1. 在第 69c 条第 1 项和第 2 项意义的复制编码或翻译编码类型是为获得实现独立创作的计算机程序与其他程序的互操作性而所必需的信息所不可避免时，以满足下列条件为限，无需经权利所有人同意：

（1）由被许可人、其他有权使用程序复制件的人或以其名义由被授权的人实施这些行为；

（2）为实现互操作性所必需的信息对于第 1 项所称的人尚未可轻易获取；

（3）这些行为限于原来程序的为实现互操作性所必需的部分。

2. 根据第 1 款行为所获得的信息不可：

（1）为实现独立创作的程序的互操作性之外的目的而使用；

（2）转交于第三人，但为实现独立创作的程序的互操作性所必需的除外；

（3）为发展、制作或推销具有在主要方面相似的表达形式的程序或为任何其他的侵害著作权的行为而使用。

3. 第 1 款和第 2 款应予以如此解释，即其适用既不妨碍作品的正常利用，也未不合理地损害权利所有人的合法利益。

第 69f 条 *权利侵害*

1. 权利所有人可以请求所有人或占有人❶销毁所有

---

❶ 这里的"所有人"或"占有人"是指复制件的所有人或占有人，属于物权所有人。

违法制作、发行或被确定用于违法发行的复制件。准用第 98 条第 3 款和第 4 款。

2. 第 1 款准用于仅仅被确定用于有助于违法排除或规避保护程序的技术措施的工具。

第 69g 条　其他法律规定的适用，合同法

1. 其他法律规定，特别是关于发明、半导体产品的拓扑图与商标保护、包含商业与企业秘密保护在内的反不正当竞争保护的法律规定，及债法上的约定，对计算机程序的适用，不受本章规定的影响。

2. 与第 69d 条第 2 款和第 3 款及第 69e 条相矛盾的合同规定无效。

第二部分　邻　接　权

第一章　一般规定

第一节　特定版本的保护

第70条　科学版本

1. 不受著作权保护的作品或文本❶的版本准用第一部分的规定❷而受到保护，但以该版本是科学整理的结果❸且与作品或文本的先前已知版本❹存在重大区别

---

❶　例如古代文学或音乐作品的手稿。

❷　第一部分是第1～69条关于著作权之规定。结合第2款，这意味着整理者对不受著作权保护的作品或文本进行科学整理之后而形成的版本所享有的权利虽然为邻接权，但在内容上与著作权相同，既包括第12～14条规定的人格权，也包括第15条以下规定的利用权（复制权、发行权、展览权、演出权、网络传播权及广播权等）。只是结合第3款，其在保护期限方面比著作权短。

❸　只是发现不受著作权保护的作品或文本如古代文学或音乐作品的手稿，还不足以构成第70条规定的科学版本。科学版本是对这些被发现的手稿进行科学整理的结果，即根据科学方法在文本校勘及忠于原作的基础上尽可能地再现原作（见BGH GRUR 1975，668 - Reichswehrprozess）。当然，科学整理也不构成第2条第2款意义的"个人的智力创作"。如果在丰富的文献基础上作出了补充与评注，整理者就成为作者，作为第3条意义的作品演绎的演绎者或第4条意义的汇编作品的汇编者而享有著作权。

❹　这意味着并不是首次科学版本才受第70条规定的保护。

为限。

2. 该权利由版本的整理者❶享有。

3. 该权利在版本出版❷之后 25 年消灭，但在制作之后 25 年，以版本在该期限内未出版为限，该权利就已消灭。根据第 69 条计算期限。

第 71 条 遗留作品

1. 将未出版❸的作品❹在著作权消灭之后合法地❺首次出版或公开再现❻的，享有利用作品的排他权利❼。对

---

❶ 第 70 条保护的是科学整理活动中的"科学投入"，而只有自然人才具有科学思维这一生理活动，所以整理者只能是自然人，例如音乐家。出版社或整理者所在研究机构不是自然人，不可能构成整理者。

❷ 关于"出版"，见第 6 条第 2 款。

❸ 同本页注释❷。

❹ 这里的"作品"原则上包括第 2 条第 1 款所例举的各种类型的作品，立法者在立法理由书中例举了"古代童话、民歌及民间舞蹈"等作品形式（见 BT-Drucks. IV / 270, S. 87），而在实践中主要涉及音乐作品（见 Dreier / Schulze, Kommentar zum UrhG, Verlag C. H. Beck, 2008, 3. Auflage, §71 Rn. 4）。

❺ 由于著作权已消灭，所以首次出版或公开是否合法，不取决于是否获得作者或其权利继受人的授权。实践中存在的问题是，是否侵害作品原件或复制件的所有人（物权所有人）的合法利益。

❻ 见第 77 页注释❶。

❼ 关于"利用作品的排他权利"见第 15 条。包括复制、发行及展览等以有体的形式利用作品（第 15 条第 1 款）及朗诵、演出与放映、网络传播及广播等以无体的形式利用作品（第 15 条第 2 款）。权利主体为编者或公开再现的行为人，而不是出版者。由于第 71 条保护的是将未为人所知或口头流传的作品予以出版所投入的工作与金钱的付出，所以编者既可以是自然人，也可以是法人。而第 70 条保护的是科学整理活动中的"科学投入"，而只有自然人才具有科学思维这一生理活动，所以整理者只能是自然人，而不能是法人或其他组织。

于在本法适用范围内从未受保护❶但其作者死亡已超过70年的未出版作品，同样适用该规定。准用第5条❷、第10条第1款、第15～24条、第26条、第27条、第44a～63条及第88条。

2. 该权利可以转让❸。

3. 该权利在版本出版之后，或更早首次公开再现的，在该首次公开再现之后25年消灭。根据第69条计算期限。

第二章　照片的保护

第72条　照片

1. 照片及以类似照片的方式制作的产品，准用第一部分❹适用于摄影作品的规定而受保护❺。

---

❶　作品在德国从未受保护的原因可能是德国作者所处的时代还不存在著作权法，或该作品类型不受当时的著作权法的保护，或外国作者的作品根据德国《著作权法》（第120条以下）在德国不受保护。

❷　官方作品本也属于第1句规定的作品，但根据第1句规定的条件首次出版官方作品的，准用第5条，不能享有利用作品的独占权利。

❸　根据第1款第1句及第3句，编者对经其出版的遗留作品的邻接权只包括财产性的利用权，而不包括人格权，因而可以转让。而第70条规定的整理者对科学版本的邻接权与著作权相同，既包括利用权，也包括人格权，因而不可以转让。

❹　第一部分是第1～69条关于著作权之规定。

❺　照片与摄影作品存在区别。前者不属于第2条第2款规定的"个人的智力创作"，尚未达到作品的创作高度，例如日常生活中的家庭照片或度假照片，因而照片受邻接权保护，而摄影作品受著作权保护。（转下页）

2. 第1款规定的权利归拍摄者享有。

3. 第1款规定的权利在照片出版❶之后，或更早首次合法公开再现❷的，在该首次公开再现之后50年消灭，但在制作之后50年，以照片在该期限内未出版或合法公开再现为限，该权利就已消灭。根据第69条计算期限。

第三章　表演者的保护

第73条　*表演者*

本法意义的表演者是指演出❸、演唱、演奏或以其他方式❹表演作品或民间艺术的表现形式的人或艺术家

（接上页）但是根据第72条第1款，在准用第一部分规定的情况下，照片的拍摄者所享有的邻接权与摄影作品的作者所享有的著作权的内容相同，既包括人格权（第12～14条），也包括利用权（第15～24条），因为包括人格权因素也不可转让（第29条），但可授予他人使用权（第31条），同时权利也受到限制（第44a条以下）。只是根据第72条第3款，其保护期限比摄影作品短。

❶　关于"出版"，见第6条第2款。

❷　见第77页注释❶。

❸　根据第19条第2款，演出作品是指通过个人表演而使公众能听取音乐作品或在舞台上公开表演作品。

❹　第19条第1款规定的朗诵作品即通过个人表演而使公众能听取语言作品，属于这里的表演作品的"其他方式"。

式地参与这些表演的人❶。

第 74 条 承认为表演者

1. 表演者有在与其表演相关的情况下其本身被承认的权利。在此其可以决定,是否及以什么姓名署名。

2. 多个表演者共同带来表演且他们中的每个人都署名需要不合比例的花费的,他们只能请求作为表演者团体署名。该表演者团体有选任的代表(代言人)的,仅其在对第三人时有代表权。团体无代言人的,仅由该团体的负责人,没有负责人的,仅由该团体选任的代表主张权利。存在特别利益时,参与的表演者个人署名的权利不受影响。

3. 准用第 10 条第 1 款。

第 75 条 表演的损害

表演者有权禁止足以危及其作为表演者的声誉或名誉的对其表演的歪曲或其他损害。多人共同带来表演的,其在行使权利时应适当地互相考虑。

第 76 条 人格权的期限

第 74 条与第 75 条所称的权利,随表演者的死亡而消灭,但表演者在表演之后的 50 年届满之前死亡的,直到表演之后的 50 年才消灭,并不在对第 82 条规定的利

---

❶ 表演者包括直接表演者与间接表演者。直接表演者是指演出、演唱、演奏或以其他方式表演作品或民间艺术的表现形式的人;间接表演者是指艺术家式地参与这些表演的人。只是为表演提供技术或组织工作的人,不构成间接表演者。只有艺术家式地参与表演的人,即对表演的艺术方面产生影响的人,例如舞台导演,才构成间接表演者。

用权所适用的期限届满之前消灭❶。根据第 69 条计算期限。多个表演者共同带来表演的，参与的表演者中的最后一个的死亡是决定性的。表演者死亡之后这些权利归其亲属（第 60 条第 2 款）享有。

第 77 条 录制，复制与发行

1. 表演者有录制其表演于录像或录音载体的排他权利❷。

2. 表演者有复制与发行❸已录制其表演的录像或录音载体的排他权利。准用第 27 条。

第 78 条 公开再现

1. 表演者有下列排他权利：

（1）网络传播（第 19a 条）其表演；

（2）广播❹其表演，但表演已合法地被录制于录像

---

❶ 三种情形：（1）表演者在表演之后的 50 年届满之前死亡的，权利在表演之后的 50 年消灭。在这种情形中权利实际上受到 50 年的保护。（2）表演者在表演之后的 50 年届满之后死亡的，权利随表演者的死亡而消灭。例如表演者在表演之后的 80 年死亡的，则权利实际上受到 80 年的保护。（3）对第 82 条规定的利用权所适用的期限在表演者死亡时尚未届满的，权利随对第 82 条规定的利用权所适用的期限届满而消灭。例如在表演者表演之后的第 70 年出版录制了表演者之表演的录像或录音载体，表演者在表演之后的 80 年死亡，但对第 82 条规定的利用权所适用的 50 年期限尚未届满，因而权利随该 50 年期限届满才消灭。在这种情形中，权利实际上受到 120 年的保护。

❷ 根据第 16 条第 2 款，录制表演于录像或录音载体，构成复制行为。

❸ 关于"复制"与"发行"，分别参见第 16 条与第 17 条。

❹ 关于"广播"，参见第 20 条。

或录音载体且该录像或录音载体已出版或已被合法地网络传播的除外❶；

（3）在个人表演的场地之外通过屏幕、扩音器或类似技术设备使其表演可公开感知❷。

2. 下列情形中应支付表演者合理的报酬：

（1）根据第1款第2项合法地广播表演的；

（2）通过录像或录音载体使表演可公开感知的❸；

（3）使广播或表演的以网络传播为基础的再现可公开感知的❹。

3. 表演者不得事先放弃第2款规定的支付报酬请求权❺。

---

❶　只有在现场直播表演，或虽然表演已合法地被录制于录像或录音载体，但该录像或录音载体未出版或未被合法地网络传播时，表演者才享有广播表演的排他权利。已合法地被录制于录像或录音载体且该录像或录音载体已出版或已被合法地网络传播的，不经表演者同意，他人也可以广播表演。但根据第2款第1项，须向表演者支付合理的报酬。

❷　参见第19条第3款。

❸　参见第21条。但根据第21条，通过录像或录音载体使作品的朗诵或演出可公开感知的权利完整地归作者享有，即其可以禁止他人未经同意而通过录像或录音载体使作品的朗诵或演出可公开感知（禁止权），在同意他人时可请求支付报酬（支付报酬请求权）。而表演者对于通过录像或录音载体使表演可公开感知，不享有禁止权，他人未经同意也可以通过录像或录音载体使表演可公开感知；只是根据第78条第2款第2项享有支付报酬请求权。

❹　参见第22条。

❺　不得事先放弃支付报酬请求权，为法律的强行规定。双方当事人在合同中约定放弃支付报酬请求权的，该约定无效。该强行规定的目的在于保护处于弱势地位的表演者，以免其受处于市场强势地位的制作者或其他第三人的"强迫"而答应放弃支付报酬请求权。

其仅可以事先让与集体管理组织❶。

4. 准用第 20b 条。

第 79 条 *使用权* ❷

1. 表演者可转让其第 77 条、第 78 条规定的权利与请求权。第 78 条第 3 款、第 4 款不受影响。

2. 作者可以授予他人以个别的或全部的其保留的使用方式使用作品的权利。准用第 31 条、第 32～32b 条、第 33～42 条及第 43 条。

第 80 条 *多个表演者的共同表演*

1. 多个表演者共同带来表演且各人的份额不能分开利用的，利用权归他们共同享有。参与的表演者不得违反诚实信用原则而拒绝允许利用。准用第 8 条第 2 款第 3 句、第 3 款及第 4 款。

2. 对于主张第 77 条、第 78 条规定的权利与请求权准用第 74 条第 2 款第 3 句、第 4 句。

第 81 条 *举办者的保护*

表演者的表演是由企业举办的，除表演者外企业主也享有第 77 条第 1 款与第 2 款第 1 句及第 78 条第 1 款规定的权利。准用第 10 条第 1 款、第 31 条、第 33 条及第 38 条。

---

❶ 第 2 款规定的支付报酬请求权事先可以让与，但仅能让与集体管理组织，以保证表演者真正能享有支付报酬请求权，以免其受处于市场强势地位的制作者或其他第三人的"强迫"而答应事先让与支付报酬请求权给制作者或其他第三人。

❷ 关于"使用权"，参见第 31 条以下及第 41 页注释❷。

第 82 条　利用权❶的期限

表演者的表演已被录制于录像或录音载体❷的，第 77 条、第 78 条所称的表演者的权利与第 81 条所称的举办者的权利，分别在录像或录音载体出版❸之后，或为公开再现❹而更早地首次合法使用录像或录音载体的，在该使用之后 50 年与 25 年消灭。但表演者的权利与举办者的权利分别在表演之后 50 年与 25 年已消灭，但以录像或录音载体在这两个期限未出版或未为公开再现而合法使用为限。第 1 句或第 2 句规定的期限根据第 69 条计算。

第 83 条　利用权的限制

对表演者根据第 77 条、第 78 条享有的权利及举办者根据第 81 条享有的权利准用第一部分第六章的规定。

第 84 条（已废除）

第四章　录音载体制作者的保护❺

第 85 条　利用权❻

---

❶　关于"利用权"，参见第 15 条以下及第 15 页注释❶。
❷　关于"录像或录音载体"，见第 16 条第 2 款。
❸　关于"出版"，参见第 6 条第 2 款。
❹　见第 77 页注释❶。
❺　本章只适用于录音载体制作者。对于录像载体制作者，一般适用关于电影制作者之保护的第 94 条。
❻　见本页注释❶。

1. 录音载体制作者有复制、发行及网络传播❶录音载体的排他权利。录音载体是在企业中制作的，企业主视为制作者。该权利不通过录音载体的复制而产生❷。

2. 该权利可以转让。录音载体制作者可以授予他人以个别的或全部的保留于其的使用方式使用录音载体的权利。准用第 31 条、第 33 条、第 38 条。

3. 该权利在录音载体出版❸之后 50 年消灭。录音载体在制作之后的 50 年内未出版，但为公开再现❹而被合法使用的，该权利在使用之后 50 年消灭。录音载体在该期限内未出版或未为公开再现而被合法使用的，该权利在录音载体制作之后 50 年消灭。期限根据第 69 条计算。

4. 准用第 10 条第 1 款、第 27 条第 2 款与第 3 款及第一部分第六章的规定。

第 86 条　分享请求权

为公开再现表演而使用已录制表演者之表演的已出版或已合法网络传播的录音载体的，录音载体的制作者对表演者有适当分享表演者根据第 78 条第 2 款获得的报酬的请求权。

---

❶　关于"复制"、"发行"及"网络传播"，分别参见第 16 条、第 17 条及第 19a 条。

❷　只有首次录制表演或音序于录音载体（类似于第 16 条第 2 款规定的第一种情形），才产生第 1 款第 1 句规定的权利。将表演或音序从一个录音载体转录到另一个录音载体（类似于第 16 条第 2 款规定的第二种情形），不产生第 1 款第 1 句规定的权利。

❸　关于"出版"，参见第 6 条第 2 款。

❹　见第 77 页注释❶。

第五章 广播组织的保护

第 87 条 *广播组织*

1. 广播组织有下列排他权利：

(1) 网络传播及继续广播其广播节目；

(2) 录制其广播节目于录像或录音载体，制作其广播节目的照片，及复制与发行录像或录音载体或照片，但出租权除外；

(3) 在公众仅支付入场费才能进入的场所使其广播节目可公开感知❶。

2. 权利可以转让。广播组织可以授予他人以个别的或全部的其保留的使用方式使用广播节目的权利。准用第 31 条、第 33 条、第 38 条。

3. 权利在节目首次播送之后 50 年消灭。该期限根据第 69 条计算。

4. 准用第 10 条第 1 款及第一部分第六章除第 47 条第 2 款第 2 句与第 54 条第 1 款之外的规定。

5. 广播组织与有线机构相互有义务以合理条件签订关于第 20b 条第 1 款第 1 句意义的有线继续广播合同，但拒绝签订合同存在客观合理理由的除外；广播组织的义务也适用于与其自己的广播节目相关的已获授权或受让的广播权。应有线机构或广播组织的请求应与有权主

---

❶ 参见第 22 条。

张与有线继续广播相关的请求权的集体管理组织共同签订该合同，但拒绝共同签订合同存在客观合理理由的除外。

第六章　数据库制作者的保护

第 87a 条　概念规定

1. 本法意义的数据库是指对作品、数据或其他独立成分的汇编，而这些作品、数据或其他独立成分是系统地或依据一定的方法编排，借助电子手段或通过其他方式能够单个进入，且其获得、核实或描述需要性质或规模方面的重大投资。在内容上作了性质或规模方面的重大修改的数据库视为新数据库，但以该修改需要性质或规模方面的重大投资为限。

2. 本法意义的数据库制作者是指进行第 1 款意义的投资的人。

第 87b 条　数据库制作者的权利

1. 数据库制作者有复制、发行及公开再现❶作为整体的数据库或数据库的在性质或规模方面而为主要的部分的排他权利。重复地系统地复制、发行及公开再现数据库的在性质或规模方面而为非主要的部分，以这些行为违背对数据库的正常利用或不合理地损害数据库制作

---

❶　见第 77 页注释❶。

者的合法利益为限，等同于复制、发行及公开再现数据库的在性质或规模方面而为主要的部分。

2. 准用第 10 条第 1 款、第 17 条第 2 款及第 27 条第 2 款、第 3 款。

第 87c 条 *数据库制作者权利的限制*

1. 下列情形中，准许复制数据库的在性质或规模方面而为主要的部分：

（1）为私人使用❶，该规定不适用于其成分借助电子手段能够单个进入的数据库❷；

（2）为自己科学上的使用，但以复制为该目的所必需且不服务于工商业目的为限❸；

（3）为教学中的阐明目的的使用，但以其不服务于工商业目的为限❹。

在第 2 项、第 3 项的情形中应清楚地注明来源。

2. 准许为在法院、仲裁机构或行政机关所进行的程序中使用及为公共安全目的而复制数据库的在性质或规模方面而为主要的部分❺。

第 87d 条 *权利的期限*

数据库制作者的权利在数据库发表❻之后 15 年消灭，但在制作之后 15 年，以数据库在该期限未发表为

---

❶ 参见第 53 条第 1 款第 1 句。

❷ 即不适用于电子数据库，而适用于非电子的如模拟数据库。

❸ 参见第 53 条第 2 款第 1 句第 1 项。

❹ 参见第 53 条第 3 款第 1 句第 1 项。

❺ 参见第 45 条。

❻ 关于"发表"，参见第 6 条第 1 款。

限，就已消灭。根据第 69 条计算期限。

第 87e 条 关于数据库使用的合同

此类合同约定，即经数据库制作者同意通过转让而交易的数据库复制件的所有人、以其他方式有权使用数据库的人或基于与数据库制作者或经数据库制作者同意与第三人签订的合同而获取数据库的人，对数据库制作者承诺停止复制、发行及公开再现数据库的在性质或规模方面而为非主要的部分，在这些行为既未违背对数据库的正常利用也未不合理地损害数据库制作者的合法利益时，不发生效力❶。

---

❶ 参见第 55a 条。

第三部分　对电影的特别规定

第一章　电影作品❶

第 88 条　改拍电影权

1. 作者准许他人将其作品改拍为电影的，有疑义时，

---

❶　对于谁是电影作品的作者，德国《著作权法》并没有作出规定，而是由法官在具体个案中进行判断：（1）根据第 89 条第 3 款及第 93 条第 1 款第 1 句可以反推出，为拍摄电影而所使用的作品如小说、剧本及电影音乐等，不属于电影作品，这些作品的作者也不是电影作品的作者。而且从第 89 条第 1 款第 1 句的规定可以看出，在德国《著作权法》中，电影作品自拍摄工作开始才产生，拍摄之前存在的用于电影拍摄的作品因而不属于电影作品。（2）根据第 7 条所奉行的"创作人原则"，只有参与了电影作品的"创作"即为电影作品的独创性作出了个人贡献的人，才成为电影作品的作者。一般情况下，导演是电影作品的作者。此外，摄影师、录音师、剪辑师及照明员等，也是电影作品的作者。他们与导演一起，构成电影作品的共同作者（第 8 条）。（3）电影演员及电影歌曲的演唱者等表演者，不是电影作品的作者，但也对电影作品作出了贡献（非个人的独创性贡献），因而受邻接权保护（第 73 条以下）。制作者也不是电影作品的作者，但提供了组织工作与资金，也受邻接权保护（第 94 条）。

电影作品是为拍摄电影而所使用的作品的演绎作品（第 3 条），为拍摄电影而使用被演绎的作品时，需经被演绎作品作者的同意（第 23 条）。也有意见认为，为拍摄电影而所使用的作品具有双重性质，既作为拍摄电影之前独立存在的作品，也在电影拍摄之后成为电影作品的一部分（见 Katzenberger: in Schricker（Hrsg），Kommentar zum Urheberrecht，（转下页）

（接上页）C. H. Beck Verlag，2006，3. Auflage，vor §88 Rn. 65ff，69）。当然，该意见并不成立。因为对一项个人智力创作不可能存在两个著作权保护（见：Schack，Urheber- und Urhebervertragsrecht，Mohr Siebeck Verlag，2010，5. Auflage，S. 168）。将为拍摄电影而使用的作品与电影作品区别开来，也是德国《著作权法》的特色。例如，在法国《知识产权法典》（L.113-7）中，剧本作者与电影歌曲的作曲者也属于电影作品作者。而欧共体《著作权保护期限指令》也与法国法相同。为了转化该指令，德国《著作权法》第65条第2款作出了与该法整个体系及原则相违背的规定：电影作品著作权保护期限根据主要导演、剧本作者、对白作者及为相关电影作品所创作的音乐的作曲者的寿命确定。其中，只有主要导演是电影作品作者，而剧本作者、对白作者及为相关电影作品所创作的音乐的作曲者是为拍摄电影而所使用的作品作者。

对电影作品作者的认定，关涉制作者的利益。作者范围越大，制作者承担的风险就越高，因为其从每个作者获得为利用由其出资拍摄的电影作品所必要的使用权（第31条以下）的难度就越大。最理想的是如同美国的做法，直接将著作权指定由制作者享有。当然，根据德国著作权法电影作品作者的范围相对比较窄，也有利于制作者。此外，德国著作权法还对为拍摄电影而所使用的作品作者、电影作品作者及表演者的权利进行了限制：（1）制作者通常通过与为拍摄电影而所使用的作品作者、电影作品作者及表演者签订授予使用权合同的方式，获得使用权。在当事人的约定"有疑义时"，即在双方当事人不另有约定，或当事人的意思不明时，第88条第1款、第89条第1款及第92条第1款作为解释规则，规定了有利于制作者的法律效果，从而使制作者获得对作品或表演的（排他）使用权。（2）为了防止电影作品的作者事先已将使用权授予了集体管理组织，或表演者事先已将邻接权转让于或已将使用权授予了集体管理组织，而使第89条第1款及第92条第1款规定的有利于制作者的法律效果落空，第89条第2款及第92条第2款规定，不管这些事先的转让或让与，电影作品作者或表演者总是保留了将这些权利转让或授予电影制作者的权限，从而使得事先的转让无效。（3）根据第90条，在开始拍摄电影之后，电影制作者为转让使用权或授予普通使用权，不需要按照第34条与第35条的规定而取得为拍摄电影而使用的作品作者或电影作者的同意；在开始拍摄电影之后，为拍摄电影而使用的作品作者及电影作品作者不得行使因未使用（第41条）与因观念改变（第42条）而产生的召回权。（4）为了制作者利用电影作品，第93条规定了对为拍摄电影而使用的作品的作者、电影作者、表演者或其他邻接权人（如照片拍摄者）的人格权的限制。

意味着授予为拍摄电影作品而无修改地或在演绎或改变的情况下使用作品及以全部的使用形式使用电影作品、翻译❶及其他电影上的演绎❷的排他权利。不适用第31a条第1款第3句、第4句及第2~4款❸。

2. 有疑义时，第1款所称的权限不使人❹有权将作品再次改拍为电影。有疑义时，作者在签订合同之后的10年届满之后有权对其作品另行作电影上的利用。

3.（已废除）

第89条 对电影作品的权利

1. 承诺参与拍摄电影的，有疑义时，由此推定在其获得对电影作品的著作权的情况下授予电影制作者以全部的使用形式使用电影作品、翻译及其他电影上的演绎或改变的排他权利。不适用第31a条第1款第3句、第4句及第2~4款。

2. 电影作品的作者事先已将第1款所称的使用权授予第三人的，尽管如此，其总是保留了将这些权利受限制地或不受限制地授予电影制作者的权限。

3. 为拍摄电影而使用的作品如小说、剧本及电影音乐的著作权，不受影响。

---

❶ 例如为电影配音或为外文电影打上翻译字幕。

❷ 例如为在其他国家通过电影审查而进行的改变。关于"翻译"、"演绎"及"改变"，见第3条及第23条。

❸ 意味着作者以将对未知的使用方式的权利授予制作者时，虽然需要书面形式，但作者不享有撤回权；对于制作者的实际使用，作者根据第32c条享有支付适当报酬的请求权。

❹ 指制作者。

4. 对在电影上利用电影拍摄中产生的照片❶与摄影作品的权利，准用第 1 款、第 2 款。

第 90 条 *权利的限制*

关于使用权的让与（第 34 条）、使用权的再授予（第 35 条）及关于因未使用（第 41 条）与因观念改变（第 42 条）而产生的召回权的规定不适用于第 88 条第 1 款及第 89 条第 1 款所称的权利。至开始拍摄电影为止，第 1 句不适用于改拍电影权。

第 91 条 （已废除）

第 92 条 *表演者*

1. 表演者与电影制作者签订了关于其参与电影拍摄的合同的，有疑义时，由此推定在电影作品的利用方面授予了以根据第 77 条第 1 款与第 2 款第 1 句及第 78 条第 1 款第 1 项、第 2 项保留于表演者的使用方式❷使用表演的权利。

2. 表演者事先已转让第 1 款所称的权利或已将使用权授予第三人的，尽管如此其总是保留了将在电影作品的利用方面的权利转让或授予电影制作者的权限。

3. 准用第 90 条。

第 93 条 *禁止歪曲之保护；署名*

---

❶ 关于"照片"，见第 72 条第 1 款。

❷ 即录制表演于录像或录音载体（第 77 条第 1 款）、复制与发行已录制表演的录像或录音载体（第 77 条第 2 款第 1 句）、网络传播表演（第 78 条第 1 款第 1 项）及广播表演（第 78 条第 1 款第 2 项）。

1. 电影作品与为拍摄而所使用的作品的作者及参与电影作品的拍摄或其给付被用于电影作品的拍摄❶的邻接权所有人，在电影作品的拍摄与利用方面根据第 14 条、第 75 条仅可禁止对其作品或给付造成严重歪曲或其他严重损害。其在此应适当地互相考虑并适当地考虑电影制作者。

2. 以全部署名需要不合比例的花费为限，每个参与电影的表演者不必要全部署名。

第 94 条 *电影制作者的保护*

1. 电影制作者有复制、发行及为公开放映、广播或网络传播目的而使用录制了电影作品的录像载体或录像录音载体的排他权利❷。此外，电影制作者有权禁止足以危及其合法利益的对录像载体或录像录音载体的任何歪曲或缩减。

2. 权利可以转让。电影制作者可以授予他人以个别的或全部的保留于其的使用方式使用录像载体或录像录音载体的权利。准用第 31 条、第 33 条、第 38 条。

3. 该权利在录像载体或录像录音载体出版❸之后，

---

❶　例如某人拍摄的照片，该照片并不是其在拍摄电影作品时拍摄的，而是在拍摄电影作品之前就已经拍摄完毕，但被导演发现并用于电影作品的拍摄。

❷　对电影作品的保护不以其固定于具体的载体为前提。录制了电影作品的录像载体或录像录音载体，作为电影作品的载体，是不同于电影作品的保护对象。

❸　关于"出版"，参见第 6 条第 2 款。

或更早为公开再现❶而首次合法使用的，在该使用之后
50年消灭，但在制作之后50年，以录像载体或录像录
音载体在该期限内未出版或未为公开再现而合法使用为
限，该权利就已消灭。

4. 准用第10条第1款、第20b条、第27条第2款、
第3款及第一部分第六章的规定。

第二章　活动照片

第95条　*活动照片*

第88条、第89条第4款、第90条、第93条及第
94条准用于未作为电影作品受保护的画面序列及画面声
音序列❷。

---

❶　关于"公开再现"，参见第15条第2款。在这里，录像载体或录
像录音载体并不是受著作权而是受邻接权保护，以保护电影制作者的组织
与经济投入。

❷　画面序列是指连续画面，不同于只有单个画面的照片（第72条第
1款）；画面声音序列是指连续画面与连续声音的结合。电影作品属于智力
创作，而活动照片不属于智力创作，不具有创造性，如非创造性地录制体
育比赛、自然事件及外科手术等。

第四部分　对著作权与邻接权的共同规定

第一章　保护的补充性规定

第 95a 条　*技术措施的保护*

1. 未经权利所有人同意，不得规避用于保护受本法保护的作品或受本法保护的其他保护对象的有效技术措施，但以行为人知道或根据情形应当知道是为能进入或使用该作品或保护对象而进行规避为限。

2. 本法意义的技术措施是指在通常的运转中被确定用于阻止或限制涉及受保护的作品或受本法保护的其他保护对象的权利所有人未同意的行为的技术设备、装置及组成部分。权利所有人运用技术措施通过能保证实现保护目标的进入控制、保护机制如译成密码、失真或其他转换或控制复制的机制控制对受保护的作品或受本法保护的其他保护对象的使用的，该技术措施是有效技术措施。

3. 当装置、产品、组成部分及服务符合下列条件之一时，禁止对装置、产品及组成部分的制造、进口、发行、销售、出租，与销售或出租相关的广告及服务于工商业目的的占有及禁止提供服务：

（1）属于以规避有效技术措施为目的的促销、广告或市场推销的标的；

（2）除规避有效技术措施之外仅具有有限的经济目的或收益；

（3）主要为可以或更容易地规避有效技术措施而被设计、制作、改造或提供。

4. 国家机关为保护公共安全或刑事司法之目的的职责与权力不受第 1 款、第 3 款的禁止之规定影响。

第 95b 条 *禁止之规定的实施*

1. 以权利所有人根据本法运用技术措施为限，其有义务向可合法进入作品或受保护对象的下列规定的受益人提供可使用的必要手段，以使他们能相应地适用下列规定：

（1）第 45 条（司法与公共安全）；

（2）第 45a 条（残障人）；

（3）第 46 条（为教堂、学校或教学使用的汇编），但教堂使用除外；

（4）第 47 条（学校广播节目）；

（5）第 52a 条（为教学与研究目的的网络传播）；

（6）第 53 条（为私人及其他的自己使用的复制）的下列款或项：

1）第 1 款，但以涉及借助任何照相操作方法或具有类似效果的其他方法的复制于纸张或类似载体为限，

2）第 2 款第 1 句第 1 项，

3）第 2 款第 1 句第 2 项结合第 2 句第 1 项或第

3 项，

4）第 2 款第 1 句第 3 项、第 4 项各自结合第 2 句第 1 项及第 3 句，

5）第 3 款；

（7）第 55 条（广播组织的复制）。

排除第 1 句规定的义务的约定不发生效力。

2. 违反第 1 款规定的要求的，上述所称规定的受益人可请求提供为实现各权限所必要的手段。所提供的手段符合权利所有人团体与限制规定之受益人团体之间的约定的，推定该手段即已足够。

3. 作品与其他受保护的对象基于合同约定而以使公众成员在其选定的地点与时间可以获取作品的方式被网络传播❶的，不适用第 1 款、第 2 款。

4. 为履行第 1 款规定的义务而运用的技术措施，包含为转化任意约定而运用的措施在内，根据第 95a 条而受法律保护。

第 95c 条　对为保障权利所必要的信息的保护

1. 不得清除或修改来自权利所有人的为保障权利的信息，但以任一相关信息与作品或其他受保护的对象的复制件相粘连或与该作品或其他受保护的对象的公开再现相关联而已出版，故意无权清除或修改，且行为人知道或根据情形应当知道其因此将导致著作权或邻接权侵害，使著作权或邻接权侵害成为可能，使著作权或邻接权侵害更容易，或掩饰著作权或邻接权侵害为限。

---

❶　关于"网络传播"，见第 19a 条。

2. 本法意义上的为保障权利的信息是指用以识别作品或其他受保护对象及作者或任何其他权利所有人的电子信息，关于作品或受保护对象的使用方式与条件的信息及用以表达这些信息的数字与编码。

3. 为保障权利的信息被无权清除或修改了的作品或其他受保护的对象，不得故意无权发行、为发行而进口、广播、公开再现或网络传播❶，但以行为人知道或根据情形应当知道其因此将导致著作权或邻接权侵害，使著作权或邻接权侵害成为可能，使著作权或邻接权侵害更容易，或掩饰著作权或邻接权侵害为限。

第 95d 条　*标识义务*

1. 受技术措施保护的作品及其他受保护对象，应以关于技术措施的性质的信息进行清楚地可显而易见地标识。

2. 通过技术措施保护作品及其他受保护对象的，为能主张第 95b 条第 2 款规定的请求权应以姓名或商号及可送达的地址标识作品或其他受保护对象。第 1 句不适用于第 95b 条第 3 款规定的情形。

第 96 条　*利用之禁止*

1. 既不得发行，也不得为公开再现❷而使用违法制作的复制件。

2. 违法举办的广播节目既不得录制于录像或录音载

---

❶　关于"发行"、"广播"、"公开再现"及"网络传播"，分别见第 17 条、第 20 条、第 15 条第 2 款及第 19a 条。

❷　关于"发行"与"公开再现"，分别见第 17 条与第 15 条第 2 款。

体，也不得公开再现。

第二章　权利侵害

第一节　民法规定；法律救济途径

第 97 条　不作为与损害赔偿请求权

1. 违法侵害著作权或本法保护的其他权利的，受害人可请求其排除妨碍，有重复危险时可请求不作为。在首次存在违法行为的危险之虞，也存在不作为请求权❶。

2. 故意或有过失地实施该行为的，负向受害人赔偿因此而发生的损害的义务。在计算损害赔偿时，也可以考虑侵害人通过权利侵害而所获得的利润。损害赔偿请求权也可以以假设侵害人获得使用被侵害的权利的授予而需要支付的合理的报酬的金额为基础计算。作者、科学版本的整理者（第 70 条）、拍摄者（第 72 条）及表演者（第 73 条）也可以因非财产损害而请求金钱赔偿，但以符合公平原则为限。

---

❶　排除妨碍请求权旨在清除持续存在的侵害源头，而不作为请求权旨在阻止将来的特定侵害行为。排除妨碍与不作为请求权都属于防御性请求权，并且不以过错为前提要件。不作为请求权包括停止侵害请求权（第 1 款第 1 句第二种情形）与预防性的不作为请求权（第 1 款第 2 句）。

第97a条　警告❶

1. 受害人在启动法院程序之前应该警告侵害人，并

❶　侵权警告是一种诉讼外的著作权争议解决机制，是指权利所有人向侵害嫌疑人发出的、指明其侵害行为并要求将来停止实施该行为及在一定的期限内作出以合理的违约金作保证的承担不作为义务的允诺的通知。在实践中，警告应该包含以下基本内容：（1）双方当事人；（2）侵害行为。必须详细地指出被警告人实施的侵害行为，以至于被警告人能够清楚地认识到自己行为的性质以及对方当事人为什么要求自己承担不作为义务；（3）要求。要求被警告人停止实施侵害行为（不作为），并要求其在一定的期限内作出以合理的违约金作保证的承担不作为义务的允诺（服从声明）；（4）威胁。如果被警告人不作出承担不作为义务的允诺（服从声明）的，警告人将启动法院程序，向法院申请采取临时措施或提起诉讼。

警告制度具有以下功能：（1）避免诉讼。如果被警告人满足了警告人提出的要求，作出了服从声明的，争议就在诉讼外获得了解决。被警告人将来再实施侵害行为的，警告人可以根据服从声明要求被警告人支付违约金。（2）避免承担诉讼费用。根据德国《民事诉讼法》第93条，如果不是因为被告的行为促使原告提起诉讼，且被告立即承认原告的请求权的，则诉讼费用由原告承担。而原告在诉讼前向被告发出了警告，被告对原告的警告不予以回应的，则表明被告并不承认原告的请求权，而且是被告的行为促使原告提起诉讼，所以原告不需顾虑在提起诉讼之后因被告立即承认请求权而由自己承担诉讼费用。（3）证据作用。根据著作权法第97条第2款，侵害人承担损害赔偿责任以过错为要件。在收到警告但不予回应之后，行为人再实施侵害行为的，不能以无过错不知道其行为的不合法性为由而拒绝损害赔偿，因为此前他人已经对其行为发出了警告。此外，此前无成效的警告，特别对于一次性地、偶然性地而不是持续地实施的侵害行为，可以作为其以后再实施时存在重复危险的证据，从而可以主张以存在重复实施危险为前提的不作为请求权。（4）告诫作用。不经意实施了侵害行为的行为人，在接到警告之后，可以发现其行为的违法性，并通过作出以违约金作保证的服从声明，避免进入花费巨大的诉讼程序，因而也受益于警告制度。

但是，警告并不是警告人启动法院程序向法院申请采取临时处分措施或提起诉讼的前提条件，受害人在启动法院程序之前只是"应该"（转下页）

给予其机会，通过作出以合理的违约金作保证的承担不作为义务的允诺来解决争议。只要警告是合法的，可以请求赔偿必要的费用。

2. 首次警告中接受律师服务而所产生的必要费用的赔偿，在商业交易之外的仅非显著权利侵害的简单案件中，仅限于 100 欧元。

第 98 条 销毁、召回与让与❶

1. 违法侵害著作权或本法保护的其他权利的，受害人可以请求销毁为侵害人占有或所有的违法制作、发行或用于违法发行目的的复制件。第 1 句准用于主要用于制作上述复制件的由侵害人所有的装置。

2. 违法侵害著作权或本法保护的其他权利的，受害人可以请求其召回或彻底从销售途径中清除违法制作、发行或用于违法发行目的的复制件。

3. 代替第 1 款规定的措施，受害人可以请求以不超过制作成本的合理价格将侵害人所有的复制件让与给他。

4. 措施在具体个案中不合比例的，则排除第 1～3 款规定的请求权。在审查合比例时，也必须考虑第三人

（接上页）（第 97a 条第 1 款第 1 句）而不是"必须"警告侵害人。当事人在发现侵害行为以后可以立即申请临时处分或提起诉讼，其申请或诉讼并不会因为事先未经过警告程序而不合法或无理由，只是可能面临根据《民事诉讼法》第 93 条需要承担诉讼费用的风险。

❶ 销毁、召回、清除及让与请求权是第 97 条第 1 款规定的排除妨碍请求权的特别形式。

的合法利益❶。

5. 建筑作品及复制件与装置的可分离的、其制作与发行未违法的部分，不受第1～3款规定的措施的限制❷。

第99条 企业主的责任

在企业中由雇员或受托人违法侵害受本法保护的权利的，受害人也可以针对企业主主张第97条第1款及第

---

❶ 根据合比例原则：（1）销毁、召回、清除或让与必须是为了满足排除妨碍目的而所适合的；（2）销毁、召回、清除或让与必须是为了满足排除妨碍目的而所必要的，即不存在可以达到该目的的对侵害人可以造成更小损失的更温和的措施；（3）销毁、召回、清除或让与必须是侵害人可以合理承受的。是否符合比例原则，需要在具体个案中根据侵害人的过错程度、受害人的受损害程度、侵害行为的规模及类型，在受害人的排除妨碍利益与侵害人的维持现有状况利益之间进行平衡而确定。例如，确认现存破坏状态通过其他方式不能得到排除的，则可以判决销毁侵权复制件或装置；侵害人无过错或过错程度较小，或侵害人因销毁所造成的损失显著地超过受害人因侵害所造成的损失的，不得主张销毁侵权复制件或装置。此外，还需要考虑第三人的合法利益。例如，当工商业顾客不知道侵权事实而善意地获得侵权复制件或装置时，不得主张销毁、召回或清除请求权。

❷ 对于已经建好的建筑作品，不因其侵害著作权而被销毁或让与著作权所有人。这里的建筑作品，是已经建好的建筑物，而不是建筑草图或模型。对于复制件与装置的可分离的、其制作与发行未违法的部分，不得请求销毁、召回、清除或让与。其目的在于保护复制件与装置的可分离部分的使用价值。复制件与装置的"可分离"部分，是指与复制件与装置相分离以后仍具有经济利用价值的部分。但是，第98条第5款并未排除受害人向侵害人主张其他请求权如损害赔偿请求权。

98 条规定的请求权❶。

第 100 条 *补偿*

侵害人既非故意又非有过失地实施行为的，当履行第 97 条、第 98 条规定的请求权将对其产生不合比例的更大的损失且以金钱补偿对于受害人是可以合理承受时，侵害人为抑止第 97 条、第 98 条规定的请求权可以以金钱补偿受害人。在以合同授予权利的情形下的合理报酬的金额应作为补偿支付。随补偿的支付视为受害人同意

---

❶ 该规定授予受害人附加的（"也"）针对企业主的独立的请求权，从而补充了因为依据德国《民法典》第 831 条对为他人行为担负责任的限制规定而产生的法律漏洞。雇员或受托人是为了企业主利益而实施侵害行为，并且企业主能够控制行为的危险，因而工作组织的分工不能够排除企业主所应该担负的责任，对于其雇员或受托人的行为应该如同对自己的行为承担责任。企业主不应该隐藏于依赖于他的雇员或受托人背后。他也不能够以他不知道，或已经授予雇员或受托人在其事务范围决定自由，而作为免责事由。

德国《民法典》第 831 条"为事物辅助人而担负的责任"：（1）为某事物而使用他人的人，就该他人在执行事物中不法加给第三人的损害，负赔偿义务。使用人在挑选被用人时，并且，以使用人须置办机械或器具或须指挥事物的执行为限，使用人在置办或指挥时尽了交易上必要的注意，或即使尽此注意损害也会发生的，不负赔偿义务。（2）以合同为使用人承担第 1 款第 2 句所称事物的处理的人，负同样的责任。引自：德国民法典[M]. 陈卫佐，译. 北京：法律出版社，2006：308‑309.

受害人可以针对企业主主张排除妨碍与不作为请求权（第 97 条第 1 款）、销毁、召回、清除与让与请求权（第 98 条），不能对其主张损害赔偿请求权（第 97 条第 2 款）。

在通常范围内的利用❶。

第 101 条　信息提供请求权❷

1. 在工商业范围内违法侵害著作权或本法保护的

---

❶　该规定的目标在于，防止因履行著作权法上的请求权而不合比例地导致更大的经济损失，因而授予侵害人在给受害人提供补偿的情况下以抑止权来对抗受害人的请求权。侵害人的抑止权产生的条件是：（1）侵害人无过错。即侵害人既非故意又非过失地实施侵害行为；或第 99 条规定的雇员或受托人有过错地实施侵害行为，但企业主对于雇员或受托人的任用不存在过错。（2）履行第 97 条及第 98 条规定的请求权将对侵害人产生不合比例的更大的损失。这里的"第 97 条及第 98 条规定的请求权"在司法实践中通常是排除妨碍与不作为请求权（第 97 条第 1 款）及销毁、召回、清除与让与请求权（第 98 条）。而不包括以过错为要件的损害赔偿请求权，因为侵害人的抑止权产生的前提是其既非故意又非过失地实施侵害行为。"不合比例的更大的损失"，是指该损失与侵害人通过无过错的侵害行为所获得利益相比较明显不一致。例如，在已经投入了大量人力物力资本的电影制作中，因履行排除妨碍或不作为请求权对侵害人所造成的损失，与正常情况下为获得电影歌曲的使用授权所需要支付的报酬相比较要大得多。因而允许侵害人在向受害人支付合理补偿费的情况下继续使用侵权作品。（3）以金钱补偿对于受害人是可以合理承受。这根据履行第 97 条及第 98 条规定的请求权对受害人的利益与不履行对受害人的不利益之间的比较进行判断。特别是假设在正常情况下，以合理的价格请求授予使用权受害人将同意授予时，则表示以金钱补偿对于受害人是可以合理承受的。

❷　在实践中，受害人要实现其排除妨碍与不作为或损害赔偿请求权，往往存在很大困难。因为根据"谁主张，谁举证"的一般举证规则，作为受害人的权利所有人需要说明及证明侵害行为的成立，而为此所需要的证据往往存在于受害人难以进入的侵害人的经济活动之中。为减轻受害人的举证负担，实现其各种请求权，法律规定了作为辅助手段的信息提供请求权。信息提供请求权旨在为受害人获得为实现其主请求权（排除妨碍与不作为或损害赔偿请求权）所必要的信息，即旨在有利于另一个主请求权的实现。信息提供请求权的义务人可以是侵害人（非独立的信息提供请求权，第 101 条第 1 款），也可以是侵害人以外的第三人（独立的或对第三人的信息提供请求权，第 101 条第 2 款）。

其他权利的，受害人可以请求其不迟延地提供关于侵权复制件或其他产品的来源与销售途径的信息。工商业范围既可以从侵权的数量也可以从侵权的严重程度显示出来。

2. 在明显侵权或受害人已针对侵害人提起诉讼的情形中，不影响第 1 款，对于在工商业范围内从事下列活动之一的人，除《民事诉讼法》第 383～385 条有权在针对侵害人的诉讼中拒绝作证的人外，也存在该请求权：

（1）占有侵权复制件；

（2）接受侵权服务；

（3）提供为侵权活动所使用的服务；

（4）根据第 1 项、第 2 项或第 3 项所称的人的指示参与该复制件、其他产品或服务的制作、生产或销售。

在根据第 1 句向法院主张该请求权的情形中，法院依请求可以至因为信息提供请求权而产生的法律争议完结为止中止针对侵害人的尚未审结的法律争议。负提供信息义务的人可以请求受害人赔偿为提供信息所必需的费用。

3. 负提供信息义务的人必须告知：

（1）确定的复制件、其他产品或服务的制作者、供应者及其他的原占有人或服务的接受人及被确定销往的工商业顾客与销售机构的姓名（名称）与通信地址；

（2）制作、供应、获得或预订的复制件或其他产品的数量及为相关复制件或其他产品所支付的价格。

4. 在具体个案中主张第 1 款、第 2 款规定的请求权不合比例的，则排除这些请求权❶。

5. 负提供信息义务的人故意或有重大过失地提供错误或不完全的信息的，负向受害人赔偿因此而产生的损害的义务。

6. 已提供真实信息的人，根据第 1 款或第 2 款本不负此义务，仅当其知道不负提供信息的义务时才对第三人承担责任。

7. 在明显侵权的情形中，可以在《民事诉讼法》第 935～945 条规定的临时处分中命令提供信息的义务。

8. 在刑事诉讼或《违反秩序法》规定的程序中，因为在提供信息之前针对负提供信息义务的人或《刑事诉讼法》第 52 条第 1 款所称的家属实施了违法行为的，仅当负提供信息义务的人同意时才能利用其告知的信息。

9. 仅利用交易数据（《通信法》第 3 条第 30 项）才能提供信息的，对于数据的提供需要由受害人请求的关

---

❶ 根据合比例原则，信息必须对于准备及实现主请求权是必要且可能的，对于义务人是可以合理承受的。这需要在个案中对于受害人的信息利益与侵害人的保密义务进行平衡。例如，一般情况下不能要求义务人提供收据。但是，如果受害人为审查信息的真实性而依赖于收据，而且这种附加义务是义务人可以履行的，则信息提供请求权及于收据的提供；如果信息涉及侵害人的商业秘密，则非独立信息提供请求权受"审计师保留"限制，侵害人只需要向承担保密义务的中立的鉴定人、审计师或律师提供相关信息。对于独立的信息请求权则不存在类似的限制。而对于账目公布请求权，在德国的司法实践中，仅仅在适用三种损害计算方式中的根据侵害人所获利润或许可使用费计算时，才例外地存在（见 BGHZ 128，227）。

于允许利用数据的事前的法官命令。命令的颁发由负提供信息义务的人的住所、居所或营业所所在地的州法院在不考虑标的额的情况下专属管辖。由民事庭作出决定。法官命令的费用由受害人承担。对于其程序准用《家庭案件与合意管辖事物程序法》的规定。对州法院的决定不服的，可以提起抗告❶。必须在 2 个星期的期限之内提交抗告状。保护与个人相关数据的法律规定在其余情况下不受影响。

10. 对电信秘密的基本权利（《基本法》第 10 条）通过第 2 款结合第 9 款而受到限制❷。

第 101a 条　出示与检查

1. 有充分可能性违法侵害著作权或本法保护的其他

---

❶　根据德国《民事诉讼法》，上诉（Rechtsmittel）包括控诉（Berufung）、上告（Revision）及抗告（Beschwerde）三种形式：对在第一审中所作的判决，可以提起控诉（第 511 条以下）；对在控诉审中所作的判决，可以提起上告（第 542 条以下）；而抗告又分为即时抗告（Sofortige Beschwerde）与法律抗告（Rechtsbeschwerde），其中对区法院与州法院在第一审中所作的裁判可以提起即时抗告（第 567 条），在法律明确规定可以对裁定提起法律抗告或抗告法院、控诉法院或在第一审中州高等法院在裁定中准许提起法律抗告的，可以对裁定提起法律抗告（第 574 条）。

❷　《通信法》第 3 条第 30 项的"交易数据"是指在接受电信服务中所提供、处理或使用的数据。该规定主要涉及因特网上的侵权行为。在因特网上往往凭借动态的 IP 地址进行数据交换而实现交易，因而只有根据这些交易数据才能提供相关信息。这些数据不仅受《通信法》，而且受《基本法》第 10 条第 1 款的电信秘密基本权利的保护。

权利的，当为证明请求权成立❶所必需时，受害人可以请求其出示证书或检查其有权处分的物。存在在工商业范围内从事侵权行为的充分可能性的，该请求权也延及于银行、金融或商业文件的出示。以侵害嫌疑人提出涉及秘密信息为限，法院采取必要的措施，以提供在具体个案中所要求的保护。

2. 在具体个案中主张第 1 款规定的请求权不合比例的，则排除这些请求权。

3. 可以在临时处分中根据《民事诉讼法》第 935～945 条命令出示证书或容忍对物的检查的义务。法院采取必要的措施，以保护秘密信息❷。这特别适用于临时处分未经过相对人事前的听证而予以颁发的情形。

---

❶ 如果权利所有人怀疑他人侵害其著作权或邻接权，必须收集能证明侵害行为成立的证据。但是，传统上司法实践授予的信息提供请求权仅在于旨在实现各种主请求权，而不在于查明主请求权的成立。否则可能导致法律上并不存在的总括性的信息提供请求权的产生，并且忽视"谁主张，谁举证"的一般举证规则。因而，不能根据证明侵害人的某一侵害行为的证据，要求侵害人提供其他可能存在的侵害行为的信息；侵害人的信息提供义务仅仅限于被证据证明的侵害行为。德国联邦最高法院在 2002 年针对有关著作权的 Faxkarte 一案作出的判决（见 BGH GRUR 2002，1048 - Faxkarte.）中，突破了这一界限，承认了为证明侵害行为成立的人的出示与检查请求权，并进而适用于其他知识产权案件。2004 年的欧共体《为实现知识产权法律的 2004 / 48 / EG 号指令》对于侵害所有知识产权的行为规定了权利人的出示与检查请求权。为转化该指令，2008 年的著作权法在立法上正式规定了该请求权。

❷ 由于在临时处分程序中，法院还没有审查是否存在有侵害行为的充分可能性的证据，因而必须采取必要的措施，以保护侵害嫌疑人的秘密信息。

4. 准用第 101 条第 8 款及《民法典》第 811 条❶。

5. 不存在侵害或侵害危险的，侵害嫌疑人可以请求根据第 1 款请求出示或检查的人赔偿因该请求而产生的损害。

第 101b 条 损害赔偿请求权的保障

1. 在第 97 条第 2 款规定的情形中，当未出示文件损害赔偿请求权的履行成问题时，受害人也可以请求在工商业范围内侵权的侵害人出示其有权处分的为实现损害赔偿请求权所必需的银行、金融或商业文件或请求适当地了解这些相关文件。以侵害嫌疑人提出涉及秘密信息为限，法院采取必要的措施，以提供在具体个案中所要求的保护。

2. 在具体个案中主张第 1 款规定的请求权不合比例的，则排除这些请求权。

3. 明显存在损害赔偿请求权的，可以在临时处分中根据《民事诉讼法》第 935～945 条命令出示第 1 款所称的证书的义务。法院采取必要的措施，以保护秘密信息。这特别适用于临时处分未经过相对人事前的听证而予以颁发的情形。

4. 准用第 101 条第 8 款及《民法典》第 811 条。

---

❶ 根据德国《民法典》第 811 条，出示必须在待出示的物的所在地为之。有重大原因的，当事人任何一方可以请求在其他地点出示。风险和责任必须由请求出示的人承担。占有人在另一方向其预付费用及因风险而提供担保时为止可以拒绝出示。

第 102 条 诉讼时效

对于因侵害著作权或本法保护的其他权利而产生的请求权的诉讼时效，准用《民法典》第一编第五章的规定❶。义务人以侵害行为使权利人蒙受损失而自己取得利益的，准用《民法典》第 852 条❷。

第 102a 条 其他法律规定中的请求权

其他法律规定中的请求权不受影响。

第 103 条 公告判决

基于本法提起诉讼的，如果胜诉方对于公告判决存在合法利益，在判决中可以宣判胜诉方由败诉方承担费用公告判决的权限。公告的形式与范围在判决中确定。判决生效后的 3 个月内未利用该权限的，该权限消灭。法院未作出其他规定时，直到判决生效之后才可公告。

---

❶ 因而对于因侵权而产生的请求权的诉讼时效期间为 3 年的普通诉讼时效期间（德国《民法典》第一编第五章第 195 条）。

❷ 对于因不当得利而产生的返还请求权的诉讼时效，不是适用第 102 条第 1 句的规定，因而不是 3 年的时效期间，而是指引适用德国《民法典》第 852 条"诉讼时效完成后的返还请求权"：赔偿义务人以侵权行为使受害人蒙受损失而自己取得利益的，在因侵权行为而发生的损害的赔偿请求权完成诉讼时效后，赔偿义务人也依照关于返还不当得利的规定负有返还的义务。该项请求权自发生时起，经过 10 年而完成诉讼时效；不论发生于何时，自侵害行为实施或其他引起损害的事件发生时起，经过 30 年而完成诉讼时效。引自：德国民法典［M］. 陈卫佐，译. 北京：法律出版社，2006：313 - 314.

根据德国《民法典》第 812 条，无法律上的原因，因他人的给付或以其他方式使他人蒙受损失而自己取得利益的人，对该他人负有返还的义务。不当得利返还请求权是在损害赔偿请求权之外的可以独立行使的请求权，而且由于其不以过错为要件，因而具有重要的实践意义。

第 104 条　法律救济途径

对于为主张来自本法规范的法律关系中的请求权而产生的法律争议案件（著作权争议案件），适用普通的法律救济途径❶。对于仅以请求给付约定的报酬为标的的雇用或职务关系中的著作权争议案件，劳动法院与行政法院的法律救济途径不受影响。

第 105 条　审理著作权争议案件的法院

1. 授权州政府，通过法规指定由一个州法院负责管辖数个州法院管辖区的在一审或控诉❷审中由州法院管辖的著作权争议案件，但以有利于司法审理为限❸。

2. 此外授权州政府，通过法规指定由一个区法院负责管辖数个区法院管辖区的由区法院管辖的著作权争议案件，但以有利于司法审理为限。

3. 州政府可以将第 1 款及第 2 款规定的授权移交给

---

❶　即由普通法院管辖。普通法院是指具有审理民事、刑事案件的普通管辖权的法院。区法院（Amtsgericht）、州法院（Landgericht）、州高等法院（Oberlandesgericht）组成地方各级普通法院。联邦最高法院（Bundesgerichtshof）是具有审理民事、刑事案件的普通管辖权的级别最高的联邦法院，是联邦的普通法院，与联邦专利法院、联邦劳动法院、联邦社会法院及联邦财税法院等专门法院相对应。

❷　见第 142 页注释❶。

❸　"Landgericht"直译为"州法院"。但是，一个州可能有数个州法院。对于德国各级法院的名称及其中文翻译的介绍，参见：德国民法典［M］. 陈卫佐，译. 北京：法律出版社，2006：8-9. 因为在州法院之间，也存在审理著作权争议案件的专业能力及经验方面的区别，为此第 105 条第 1款规定，以有利于司法审理为限，州政府可通过法规指定由该州的一个州法院负责管辖该州的数个州法院管辖区的著作权争议案件。

州司法行政机关。

4.（已废除）

5.（已废除）

第二节　刑罚与罚款规定

第 106 条　违法利用受著作权保护的作品

1. 在法定❶准许之外的情形中未经权利人允许而复制、发行或公开再现作品、作品的演绎或改变的，处 3 年以下自由刑或罚金❷。

2. 犯本罪未遂的，应受处罚。

第 107 条　违法粘贴作者标记

1. 对下列行为，以其在其他规定中未被处以更重的刑罚为限❸，处 3 年以下自由刑或罚金：

（1）在美术作品的原件上未经作者允许粘贴作者标

---

❶　第 44a～63 条与第 69c～69e 条关于著作权限制之规定，及第 17 条关于"发行权穷竭"之规定。

❷　根据德国《民法典》第 183 条，"允许"（Einwilligung）是指事前的同意（Zustimmung）。与之对应的是第 184 条第 1 款规定的"追认"（Genehmigung），即事后的同意。关于"复制"、"发行"及"公开再现"，分别见第 16 条、第 17 条及第 15 条第 2 款。其中，公开再现是指与发行及公开展览等以有体的形式利用作品相对应的以无体的形式利用作品，包括朗诵、演出与放映（第 19 条）、网络传播（第 19a 条）及广播（第 20 条）等。关于"演绎"与"改变"，见第 3 条、第 23 条及对条文所作的注释。

❸　例如根据德国《刑法典》第 263 条，对于诈骗犯罪处 5 年以下自由刑。

记（第 10 条第 1 款）或发行被如此标记的原件❶；

（2）在美术作品的复制件、演绎或改变❷上以给予复制件、演绎或改变是原件的假象的方式粘贴作者标记（第 10 条第 1 款）或发行被如此标记的复制件、演绎或改变。

2. 犯本罪未遂的，应受处罚。

第 108 条　违法侵害邻接权

1. 在法定❸准许之外的情形中未经权利人允许而实施下列行为之一的，处 3 年以下自由刑或罚金❹：

（1）复制、发行或公开再现科学版本（第 70 条）、该种版本的演绎或改变；

（2）违反第 71 条而利用遗留作品、该种作品的演绎

---

❶　关于"美术作品"，见第 2 条第 1 款第 4 项。根据德国《民法典》第 183 条，"允许"（Einwilligung）是指事前的同意（Zustimmung）。与之对应的是第 184 条第 1 款规定的"追认"（Genehmigung），即事后的同意。关于"发行"，见第 17 条。

❷　关于"演绎"与"改变"，见第 3 条、第 23 条及对条文所作的注释。

❸　例如第 78 条第 2 款及第 86 条（权利所有人只享有支付报酬请求权，而不享有禁止权，因而他人未经允许也可利用），第 87 条对数据库的限制之规定及因为被（第 70 条第 1 款、第 71 条第 1 款第 3 句及第 72 条第 1 款等）指引而得以适用的第 44a～63 条。

❹　根据德国《民法典》第 183 条，"允许"（Einwilligung）是指事前的同意（Zustimmung）。与之对应的是第 184 条第 1 款规定的"追认"（Genehmigung），即事后的同意。关于"复制"、"发行"及"公开再现"，分别见第 16 条、第 17 条及第 15 条第 2 款。其中，公开再现是指与发行及公开展览等以有体的形式利用作品相对应的以无体的形式利用作品，包括朗诵、演出与放映（第 19 条）、网络传播（第 19a 条）及广播（第 20 条）等。关于"演绎"与"改变"，见第 3 条、第 23 条及对条文所作的注释。

或改变；

（3）复制．发行或公开再现照片（第 72 条）、照片的演绎或改变；

（4）违反第 77 条第 1 款或第 2 款第 1 句及第 78 条第 1 款而利用表演者的表演；

（5）违反第 85 条而利用录音载体；

（6）违反第 87 条而利用广播节目；

（7）违反第 94 条或违反第 95 条结合第 94 条而利用录像载体或录像录音载体；

（8）违反第 87b 条第 1 款而利用数据库。

2. 犯本罪未遂的，应受处罚。

第 108a 条 **工商业范围内的违法利用**

1. 在第 106～108 条的情形中，行为人是在工商业范围内实施行为的，处 5 年以下自由刑或罚金。

2. 犯本罪未遂的，应受处罚。

第 108b 条 **违法侵害技术措施及为保障权利所必要的信息**

1. 实施下列行为之一，且因此至少轻率地导致著作权或邻接权侵害，使著作权或邻接权侵害成为可能，使著作权或邻接权侵害更容易，或掩饰著作权或邻接权侵害的，在该行为不仅仅是为了行为人或与行为人有人身关系的人的自己私人使用目的或未与这种使用相关联时，处 1 年以下自由刑或罚金：

（1）出于使自己或第三人能进入或使用受本法保护的作品或受本法保护的其他保护对象的意图，未经权利所有人同意而规避有效技术措施的；

（2）无权而故意

1）在来自权利所有人的为保障权利的信息与作品或其他受保护的对象的复制件相粘连或与该作品或其他受保护的对象相关联而已出版时清除或修改这些信息，

2）或发行、为发行而进口、广播、公开再现或网络传播❶被无权清除或修改了为保障权利的信息的作品或其他受保护的对象。

2. 违反第 95a 条第 3 款为工商业目的制造、进口、发行、销售或出租装置、产品及组成部分的，处与前款相同的处罚。

3. 在第 1 款的情形中，行为人是在工商业范围内实施行为的，处 3 年以下自由刑或罚金。

第 109 条　告诉

在第 106～108 条及第 108b 条的情形中，行为经告诉才追究，但因刑事追究具有特别的公共利益，刑事追究机关认为必须依职权采取措施的除外。

第 110 条　没收

可以没收第 106 条、第 107 条第 1 款第 2 项及第 108～108b 条规定的犯罪行为涉及的物品。适用《刑法典》第 74a 条。以在第 98 条中所称的请求权在根据《刑事诉讼法》关于受害人的补偿的法律规定（第 403～406c

---

❶　关于"发行"、"广播"、"公开再现"及"网络传播"，分别见第 17 条、第 20 条、第 15 条第 2 款及第 19a 条。

条）的程序中已满足为限，不适用关于没收的规定。

第 111 条 *判决的公告*

在第 106~108b 条的情形中处以刑罚的，在受害人提出请求且对此具有合法利益时，应命令公告判决。在判决中确定公告的方式。

第 111a 条 *罚款规定*

1. 下列行为，构成行政违法行为：

（1）违反第 95a 条第 3 款

1）销售、出租或超出与行为人有人身关系的人的范围之外发行装置、产品及组成部分；

2）或为工商业目的占有装置、产品及组成部分，为装置、产品及组成部分的销售或出租进行广告或提供服务；

（2）违反第 95b 条第 1 款第 1 句而不提供可使用的必要手段；

（3）违反第 95d 条第 2 款第 1 句未或未完整标识作品或其他受保护对象。

2. 对行政违法行为，在第 1 款第 1 项、第 2 项的情形中处最高 50 000 欧元罚款，在其余情形中处最高 10 000 欧元罚款。

第三节　海关措施规定

第 111b 条 *根据德国法的程序*

1. 复制件的制作或发行侵害了著作权或其他受本法

保护的权利的，以侵权明显及不适用理事会 2003 年 7 月 22 日关于针对有侵害特定知识产权嫌疑的货物的海关措施与针对明显侵害这些权利的货物的措施的（欧共体）第 1383 / 2003 号条例❶（《欧盟官方公报》，L 196 号，第 7 页）的当时生效文本为限，依请求且权利人提供了担保时海关在进口或出口中扣押该复制件。仅以由海关检查为限，该规定适用于与欧盟其他成员国及《欧洲经济区协议》的其他成员国的交易。

2. 海关命令扣押的，应不迟延地通知处分权人及请求人。将复制件的来源、数量与仓库所在地及处分权人的姓名与通信地址通知请求人；通信秘密（《基本法》第 10 条）在此受到限制。以不因此侵害商业或营业秘密为限，给予请求人检查复制件的机会。

---

❶ 共同体法的法律渊源包括基础法（Primärrecht）与派生法（Sekundärrecht）。基础的共同体法主要指各大共同体的建立条约如《欧洲共同体条约》（即现在的《欧盟运行条约》）、《欧洲原子能共同体条约》，以及它们的各个附件与附加议定书。派生的共同体法是指由共同体机构根据各大共同体条约或其他的法律文件的授权而颁布的法律文件，包括条例（Verordnung）、指令（Rechtlinie）、决定（Entscheidung）以及建议与意见（Empfehlung und Stellungnahme）。其中，条例与指令是最主要的共同体法。条例类似于成员国的内国法律体系中的"法律"，具有完整的约束力以及普遍的效力；对于各成员国及其个体具有直接的适用效力。因而能"强硬"地实现对成员国法律的统一。而指令只是对其所指向的成员国在指令所确立的欲达到的目标方面具有约束力，不具有直接的适用效力，不能对个体直接设定权利或义务，需要成员国将其转化为内国法。成员国可以自由选择转化的形式及手段。因为指令只是规定成员国法律协调的目标及框架，通过由成员国转化立法而给予成员国一定的自由空间，所以相对于条例而言，指令属于比较委婉的协调方式。

3. 最迟在根据第 2 款第 1 句送达通知之后的 2 个星期届满之后对扣押未提出异议的，海关命令没收被扣押的复制件。

4. 处分权人对扣押提出异议的，海关应将此不迟延地通知请求人。请求人必须不迟延地向海关声明，其是否维持根据第 1 款的与被扣押复制件相关的请求。

根据下列情形，海关采取相应措施：

（1）请求人撤回请求的，海关不迟延地取消扣押。

（2）请求人维持请求并提交了可执行的命令保管复制件或限制处分的法院裁判的，海关采取必要的措施。

不存在第 1 项或第 2 项的情形的，海关在根据第 1 句送达通知于请求人之后的 2 个星期届满之后取消扣押；请求人证实，已经请求了第 2 项规定的法院裁判但尚未送达于请求人的，再维持最长 2 个星期的扣押。

5. 扣押被证实自一开始即无理由且请求人维持根据第 1 款的与被扣押复制件相关的请求或未不迟延地声明（第 4 款第 2 句）的，请求人负向处分权人赔偿因扣押而产生的损害的义务。

6. 根据第 1 款的请求必须向联邦税务代表处提出，只要未提出更短的生效期限的，具有 1 年的效力；可以重复请求。对于与请求相联系的行政行为按照《税收条例》第 178 条向请求人收取费用。

7. 扣押与没收可以以在《违反秩序法》规定的针对扣押与没收的罚款程序中为合法的法律救济予以撤销。在法律救济程序中必须听取请求人意见。不服区法院裁判的，可以提起即时抗告❶；对抗告由州高等法院裁判。

8.（已废除）

第 111c 条　根据（欧洲共同体❷）第 1383／2003
号条例的程序

1. 有管辖权的海关根据（欧共体）第 1383／2003
号条例第 9 条中断或阻止货物的转移的，应将此不迟延
地通知权利所有人及申报人、占有人或货物的所有权人。

2. 在第 1 款的情形中，权利所有人可以请求在（欧

---

❶　见第 142 页注释❶。

❷　一般而言，"共同体"指的是欧洲各大共同体，最初包括欧洲煤钢
共同体（1952 年）、欧洲经济共同体（1958 年）及欧洲原子能共同体
(1958 年)；根据 1993 年生效的《马斯特里赫特欧洲联盟条约》（以下简称
《欧盟条约》），欧洲经济共同体更名为欧洲共同体；2002 年，由于《欧洲煤
钢共同体条约》的存续期间届满，原来的欧洲煤钢共同体框架下的领域也
被并入到欧洲共同体的框架下。因而这一时期的欧洲各大共同体包括欧洲
共同体与欧洲原子能共同体，它们构成欧洲联盟的的第一大支柱，也是欧
洲联盟一体化程度最高的领域，属于欧洲联盟的核心。欧洲联盟此外还包
括"共同的外交与防卫政策合作领域"以及"刑事案件的警察事务与司法
合作领域"两大支柱。后两个领域的一体化程度并不高。因而欧洲联盟框
架下的欧洲各大共同体的名称及地位，不能简单地用"欧洲联盟"指代及
取代。但欧洲联盟范围内的法律主要是共同体法。

根据 2009 年 12 月 1 日生效的《里斯本条约》，此前只是作为一个"屋
顶"而由三大支柱支撑起来的欧洲联盟取代了欧洲共同体的地位，具有了
独立的法律人格；原来的《欧洲共同体条约》也改名为《欧州联盟运行条
约》（主要内容并未改变）；原来的"刑事案件的警察事务与司法合作领域"
被并入到《欧州联盟运行条约》，而"共同的外交与防卫政策合作领域"被
并入《欧盟条约》，因而三大支柱已不存在，目前只有欧盟与欧洲原子能共
同体。

在本书中，"共同体"指欧洲共同体（有时简称"欧共体"）与欧洲原
子能共同体，"欧盟"指欧洲联盟。

共体）第 1383 ／ 2003 号条例第 11 条意义的下述简化程序中销毁货物。

3. 必须在根据第 1 款送达通知之后的 10 个工作日之内向海关提出书面请求。请求书必须包含作为程序标的的货物侵害了受本法保护的权利的通知。附申报人、占有人或货物的所有权人的销毁货物的书面同意。不影响第 3 句，申报人、占有人或所有权人可以直接向海关作出是否同意销毁的书面声明。第 1 句所称的期限可以在届满之前依权利所有人的请求延长 10 个工作日。

4. 申报人、占有人或货物的所有权人在根据第 1 款送达通知之后的 10 个工作日之内对销毁未提出异议的，视为同意销毁。在根据第 1 款的通知中应指明该情况。

5. 销毁货物由权利所有人承担费用与责任。

6. 海关可以承担销毁的组织工作。第 5 款不受影响。

7. 根据（欧共体）第 1383 ／ 2003 号条例第 11 条第 1 款第二点的保管期限总计 1 年。

8. 以（欧共体）第 1383 ／ 2003 号条例未包含相反规定为限，在其余情况下准用第 111b 条。

第三章　强制执行

第一节　一般规定

第 112 条　*一般规定*

以第 113～119 条未作出其他规定为限，对本法保护的权利的强制执行的可准许性根据一般规定❶确定。

第二节　对作者因为金钱债权
的强制执行

第 113 条　*著作权*

仅经作者允许且仅当作者能授予使用权（第 31 条）时，才可对作者因为金钱债权就著作权实施强制执行。不可由法定代理人给予允许。

第 114 条　*作品原件*

1. 仅经作者允许，才可对作者因为金钱债权就属于作者的作品原件实施强制执行。不可由法定代理人给予允许。

2. 下列情况下，无需允许：

（1）就作品原件实施强制执行是为进行就对作品的

---

❶　德国《民事诉讼法》第八编"强制执行"第 704～945 条。

使用权实施强制执行所必需；

（2）为就建筑艺术作品的原件实施强制执行；

（3）为就其他美术作品的原件实施强制执行，在该作品已发表时。

在第 2 项、第 3 项的情形中未经作者同意可发行作品原件。

第三节　对作者的权利继受人因为
金钱债权的强制执行

第 115 条　著作权

仅经作者的权利继受人（第 30 条）允许且仅当作者的权利继受人能授予使用权（第 31 条）时，才可对作者的权利继受人因为金钱债权就著作权实施强制执行。作品已出版时，无需允许。

第 116 条　作品原件

1. 仅经作者的权利继受人（第 30 条）允许，才可对作者的权利继受人因为金钱债权就属于该权利继受人的作者作品原件实施强制执行。

2. 下列情况下，无需允许：

（1）在第 114 条第 2 款第 1 句的情形中；

（2）在作品已出版时，就该作品的原件实施强制执行。

准用第 114 条第 2 款第 2 句。

第 117 条 遗嘱执行人

根据第 28 条第 2 款指示由遗嘱执行人行使著作权的，由遗嘱执行人给予第 115 条、第 116 条规定的必需的允许。

第四节　对科学版本的整理者及对拍摄者因为金钱债权的强制执行

第 118 条 准用

第 113～117 条准用于：

（1）对科学版本的整理者（第 70 条）及其权利继受人因为金钱债权而实施的强制执行；

（2）对拍摄者（第 71 条）及其权利继受人因为金钱债权而实施的强制执行。

第五节　因为金钱债权就特定装置的强制执行

第 119 条 就特定装置的强制执行

1. 仅仅被确定用于复制或广播作品的装置，如印版、图版、石版、凸版、蜡版及阴图片，仅债权人有权凭借这些装置使用作品时，才能就这些装置实施强制执行。

2. 对仅仅被确定用于放映电影作品的装置，如电影胶片及类似装置，亦同。

3. 第 1 款及第 2 款准用于根据第 70 条及第 71 条受保护的版本、根据第 72 条受保护的照片，根据第 77 条第 2 款第 1 句、第 85 条、第 87 条、第 94 条及第 95 条受保护的录音录像载体及根据第 87b 条第 1 款受保护的数据库。

第五部分　适用范围，过渡及终结规定

第一章　适用范围

第一节　著　作　权

第 120 条　德国国民及欧盟其他成员国与《欧洲经济区协议》成员国国民

1. 德国国民对其所有作品享有著作权保护，而不管作品是否出版及在哪里出版。作品由共同作者（第 8 条）创作的，只要一个共同作者是德国国民即已足够。

2. 下列等同于德国国民：

（1）不具有德国国籍的《基本法》第 116 条第 1 款意义的德国人；

（2）欧盟其他成员国或《欧洲经济区协议》成员国国民。

第 121 条　外国国民

1. 外国国民对其在本法适用范围内出版的作品享有著作权保护，但作品或作品的翻译在本法适用范围内出版之前的 30 日之前在本法适用范围外出版的除外。在受同样限制的情况下，外国国民也对在本法适用范围内仅出版了其翻译的作品享有著作权保护。

2. 定着于本法适用范围内的土地的美术作品，被视同第1款意义的在本法适用范围内出版的作品。

3. 可通过联邦司法部的行政法规将第1款规定的保护限制于不属于《保护文学艺术作品伯尔尼公约》成员国且在作品出版时既未在本法适用范围内也未在其他成员国有住所的外国国民，但以该外国国民所属的国家对德国国民为其作品未提供充分保护为限。

4. 其余情况下，外国国民根据双边协议的内容享有著作权保护。不存在双边协议的，对这类作品存在著作权保护，即在作者所属国家根据联邦司法部在《联邦法律公报》上的公告德国国民对其作品享有相应保护。

5. 仅当根据联邦司法部在《联邦法律公报》上的公告外国国民所属国家授予德国国民相应权利时，外国国民才享有后续权（第26条）。

6. 即使不存在第1~5款的条件，外国国民对其所有作品也享有第12~14条规定的保护。

第122条 无国籍人

1. 在本法适用范围内有惯常居所的无国籍人对其作品享有如同德国国民一样的著作权保护。

2. 在本法适用范围内无惯常居所的无国籍人对其作品享有如同其惯常居所所在的外国的国民一样的著作权保护。

第123条 外国难民

对于是双边协议或其他法律规定意义的外国难民，

准用第 122 条的规定。不因此而排除第 121 条规定的保护。

第二节 邻 接 权

第 124 条 科学版本与照片

对于科学版本（第 70 条）与照片（第 72 条）的保护适用第 121～123 条的规定。

第 125 条 表演者的保护

1. 德国国民对其所有表演享有第 73～83 条规定的保护，而不管表演在哪里举行。

2. 以第 3 款与第 4 款未作出其他规定为限，外国国民对其所有在本法适用范围内举行的表演享有保护。

3. 外国公民的表演已被合法地录制于录像或录音载体且录像或录音载体已出版的，以录像或录音载体在本法适用范围内出版为限，外国公民对于录像或录音载体享有第 77 条第 2 款第 1 句及第 78 条第 1 款第 1 项与第 2 款规定的保护，但录像或录音载体在本法适用范围内出版之前的 30 日之前在本法适用范围外出版的除外。

4. 外国公民的表演已被合法地通过广播节目播送的，以广播节目在本法适用范围内播送为限，外国公民享有禁止录制广播节目于录像或录音载体（第 77 条第 1 款）与再播送广播节目（第 78 条第 1 款）的保护及第 78 条规定的保护。

5. 其余情况下，外国国民根据双边协议的内容享有保护。准用第 121 条第 4 款第 2 句、第 122 条及第 123 条。

6. 即使不存在第 2～5 款的条件，外国国民对其所有表演也享有第 74 条、第 75 条、第 77 条第 1 款及第 78 条第 1 款第 3 项规定的保护。对第 78 条第 1 款第 2 项规定的保护，亦同，但以涉及对表演的直接播送为限。

7. 授予了第 2～4 款或第 6 款规定的保护的，该保护最迟随保护期限在表演者是其国民的国家届满而消灭，但不得超过第 82 条规定的保护期限。

第 126 条　录音载体制作者的保护

1. 德国国民或在本法适用范围内有所在地的企业对其所有录音载体享有根据第 85 条及第 86 条规定的保护，而不管录音载体是否出版及在哪里出版。准用第 120 条第 2 款。在欧盟其他成员国或《欧洲经济区协议》成员国有所在地的企业等同于在本法适用范围内有所在地的企业。

2. 外国国民或在本法适用范围内没有所在地的企业对其在本法适用范围内出版的录音载体享有保护，但录音载体在本法适用范围内出版之前的 30 日之前在本法适用范围外出版的除外。然而，该保护最迟随保护期限在录音载体制作者具有其国籍或企业所在地所在的国家届满而消灭，但不得超过第 85 条第 3 款规定的保护期限。

3. 其余情况下，外国国民或在本法适用范围内没有所在地的企业根据双边协议的内容享有保护。准用第 121 条第 4 款第 2 句、第 122 条及第 123 条。

第 127 条　*广播组织的保护*

1. 在本法适用范围内有所在地的广播组织对其所有广播节目享有根据第 87 条规定的保护，而不管其在哪里播送这些广播节目。适用第 126 条第 1 款第 3 句。

2. 在本法适用范围内没有所在地的广播组织对其所有在本法适用范围内播送的广播节目享有保护。该保护至迟随保护期限在广播组织所在地所在的国家届满而消灭，但不得超过第 85 条第 3 款规定的保护期限。

3. 其余情况下，在本法适用范围内没有所在地的广播组织根据双边协议的内容享有保护。准用第 121 条第 4 款第 2 句。

第 127a 条　*数据库制作者的保护*

1. 德国国民及在本法适用范围内有所在地的法人享有根据第 87b 条规定的保护。适用第 120 条第 2 款。

2. 符合下列条件之一时，根据德国法律或第 120 条第 2 款第 2 项所称国家的法律所设立的在本法适用范围内没有所在地的法人享有根据第 87b 条规定的保护：

（1）其主要管理部门或主要营业所位于第 120 条第 2 款第 2 项所称国家的领域；

（2）其与章程相一致的所在地位于这些国家之一的领域且其活动与德国经济或与这些国家之一的经济有实际上的联系。

3. 其余情况下，外国国民及法人根据双边协议及欧洲共同体与第三国签订的协议的内容享有保护；这些协议由联邦司法部在《联邦法律公报》中公布。

第 128 条　电影制作者的保护

1. 德国国民或在本法适用范围内有所在地的企业对其所有录像载体或录音录像载体享有根据第 94 条及第 95 条规定的保护，而不管录像载体或录音录像载体是否出版及在哪里出版。适用第 120 条第 2 款及第 126 条第 1 款第 3 句。

2. 对于德国国民或在本法适用范围内没有所在地的企业准用第 126 条第 2 款及第 3 款的规定。

第二章　过渡规定

第 129 条　作品

1. 本法规定也适用于其生效之前创作的作品，但该作品在此时不受著作权保护或在本法中有其他规定的除外。该规定准用于邻接权。

2. 在作者死亡之后 50 年届满之后但在本法生效之前发表的作品的著作权的期限，根据旧规定确定。

第 130 条　翻译

在 1902 年 1 月 1 日之前未经被翻译作品的作者同意但已合法出版的翻译作品作者的权利，不受影响。

第 131 条　已谱曲的语言作品

根据《1901 年 6 月 19 日文学与音乐作品著作权法》（《帝国法律公报》第 227 页）的《1910 年 5 月 22 日为

实施经修改的保护文学艺术作品伯尔尼公约的法律》（《帝国法律公报》第 793 页）的文本第 20 条未经其作者同意而本可复制、发行及公开再现的已谱曲的语言作品，以作品的谱曲在本法生效之前已出版为限，在相同范围内也可继续复制、发行及公开再现。

第 132 条 合同

1. 除第 42 条及第 43 条之外，本法的规定不适用于 1966 年 1 月 1 日之前签订的合同。第 43 条准用于表演者。第 40 条及第 41 条准用于这种合同❶，但第 40 条第 1 款第 2 句及第 41 条第 2 款中所称的期限最早自 1966 年 1 月 1 日起算。

2. 1966 年 1 月 1 日之前作出的处分有效。

3. 除第 2 句、第 3 句外，本法 2002 年 3 月 28 日生效文本的规定继续适用于 2002 年 7 月 1 日之前签订的合同或发生的事实。第 32a 条适用于 2002 年 3 月 28 日之后发生的事实。只要被授予的权利或许可在 2002 年 6 月 30 日之后被使用的，第 32 条也适用于自 2001 年 6 月 1 日至 2002 年 6 月 30 日签订的合同。

4. 第 3 款准用于表演者。

第 133 条（已废除）

第 134 条 作者

在本法生效时根据旧规定而不是根据本法被作为作品的作者看待的，除第 135 条规定的情形外，继续视为

---

❶ 指的是 1966 年 1 月 1 日之前签订的合同。

作者。根据旧规定法人被视为作者的，对于著作权的期限计算适用旧规定。

第 135 条　邻接权所有人

在本法生效时根据旧规定被视为照片或录制作品于用于为听取而机械再现的装置的作者的，是本法所提供的相关邻接权的所有人。

第 135a 条　保护期限的计算

因为本法适用于其生效之前产生的权利而缩短了保护期限且根据本法能决定保护期限开始的事件存在于本法生效之前的，期限直到本法生效时才计算。

第 136 条　复制与发行

1. 根据本法为不合法的复制迄今为止被准许的❶，可完成在本法生效之前开始的复制件的制作。

2. 可发行根据第 1 款所制作或在本法生效之前已制作的复制件。

3. 对于根据旧规定被无偿准许的复制根据本法需向权利人支付适当报酬的，第 2 款所称复制件无需支付报酬而可发行。

第 137 条　权利转让

1. 在本法生效之前著作权已转让于他人的，获得者享有相应的使用权（第 31 条）。但有疑义时该转移不延及于通过本法才设立的权限。

2. 在本法生效之前著作权已完全或部分地转让于他

---

❶　即该复制被本法所禁止而被旧规定所允许。

人的，有疑义时该转让也延及于著作权的期限根据第64～66条而延长之时。在本法生效之前已许可他人行使保留于作者的权限的，亦同。

3. 在第2款的情形中，只要认为如果当时已规定被延长的保护期限，转让人或许可人对于转让或许可本可获得更高的对待给付的，获得者或被许可人应支付转让人或许可人适当的报酬。

4. 在主张报酬支付请求权之后获得者立即为转让人提供了对截至当时为止所确定的保护期限届满之后的时间的权利的，或被许可人放弃了该段时间的许可的，报酬支付请求权消灭。获得者在本法生效之前继续转让著作权的，以考虑到继续转让的具体情形支付报酬将对获得者造成不公正的负担为限，不需要支付报酬。

5. 第1款准用于邻接权。

第 137a 条 摄影作品

1. 本法关于著作权期限的规定也适用于保护期限在1985年7月1日根据至那时为止生效的法律还未届满的摄影作品。

2. 对摄影作品的使用权事先已授予或转让他人的，有疑义时该授予或转让不延及于摄影作品的著作权的期限延长之时。

第 137b 条 特定的版本

1. 本法第70条与第71条的保护期限规定也适用于保护期限在1990年7月1日根据至那时为止生效的法律

还未届满的科学版本及遗留作品的版本。

2. 对科学版本或遗留作品的版本的使用权在 1990 年 7 月 1 日之前已授予或转让他人的，有疑义时该授予或转让也延及于邻接权的期限延长之时。

3. 准用第 137 条第 3 款、第 4 款的规定。

第 137c 条　表演者

1. 本法第 82 条的保护期限规定也适用于在 1990 年 7 月 1 日之前被录制于录像或录音载体的表演，但以自录像或录音载体出版在 1991 年 1 月 1 日 50 年还未届满为限。录像或录音载体在该期限内未出版的，期限自表演时起计算。根据本法的保护的期限在任何情况下都不超过录像或录音载体出版之后或录像或录音载体未出版的，不超过表演之后的 50 年。

2. 对表演的使用权在 1990 年 7 月 1 日之前已授予或转让他人的，有疑义时该授予或转让也延及于邻接权的期限延长之时。

3. 准用第 137 条第 3 款、第 4 款的规定。

第 137d 条　计算机程序

1. 第一部分第八章的规定也适用于在 1993 年 6 月 24 日之前创作的计算机程序。但排他性的出租权（第 69c 条第 3 项）不延及第三人在 1993 年 1 月 1 日之前为出租目的而获得的程序的复制件。

2. 第 69g 条第 2 款也适用于在 1993 年 6 月 24 日之前签订的合同。

第 137e 条 转化欧洲经济共同体第 92/100 号指令时的过渡规则

1. 1995 年 6 月 30 日生效的本法规定也适用于先前创作的作品、表演、录音载体、广播节目及电影，但在此时不再受保护的除外。

2. 在 1995 年 6 月 30 日之前获得作品的原件或复制件或录像或录音载体，或为出租目的将这些转让于第三人的，对自此之后的出租视为出租权（第 17 条、第 77 条第 2 款第 1 句、第 85 条及第 94 条）的主体的同意已给予。出租人应支付权利主体适当的报酬；在作者与表演者的请求权方面准用第 27 条第 1 款第 2 句与第 3 句，准用第 27 条第 3 款。第 137d 条不受影响。

3. 在 1995 年 6 月 30 日之前被获得或为出租目的被转让于第三人的录像或录音载体，在 1994 年 7 月 1 日至 1995 年 6 月 30 日期间被出租的，对该出租在准用第 2 款第 2 句的情况下存在报酬支付请求权。

4. 作者在 1995 年 6 月 30 日之前授予排他性的发行权的，视为也授予出租权。表演者在此时之前参与电影作品的制作或允许使用其表演用于电影作品的制作的，其排他性的权利视为转让于电影制作者。其在此时之前允许将其表演录制于录音载体及发行的，视为也允许转让包含出租在内的发行权。

第 137f 条 转化欧洲经济共同体第 93/98 号指令时的过渡规则

1. 如适用本法自 1995 年 7 月 1 日生效的文本将缩

短先前产生的权利的期限，则保护随根据适用至 1995 年 6 月 30 日的规定的保护期限届满而终止。在其余情况下，本法自 1995 年 7 月 1 口生效的文本关于保护期限的规定也适用于其保护在 1995 年 7 月 1 日尚未终止的作品与邻接权。

2. 本法自 1995 年 7 月 1 日生效的文本的规定也适用于其保护根据本法在 1995 年 7 月 1 日之前已届满而根据欧盟其他成员国或《欧洲经济区协议》的成员国的法律在此时还存在的作品。第 1 句准用于遗留作品（第 71 条）的编者、表演者（第 73 条）、录音载体制作者（第 85 条）、广播组织（第 87 条）及电影制作者（第 94 条与第 95 条）的邻接权。

3. 作品之保护根据第 2 款在本法适用范围内重新开始的，重新开始的权利归作者所有。但在预先规定的范围内可继续在 1995 年 7 月 1 日之前开始的使用行为。对使用自 1995 年 7 月 1 日起应支付合理的报酬。第 1～3 句准用于邻接权。

4. 1995 年 7 月 1 日之前授予或转让给第三人对根据本法仍然受保护的给付的使用权的，有疑义时该授予或转让也延及保护期限所延长的期间。在第 1 句的情形中应支付合理的报酬。

第 137g 条 转化欧洲共同体第 96/9 号指令时的过渡规则

1. 第 23 条第 2 句、第 53 条第 5 款、第 55a 条及第 63 条第 1 款第 2 句也适用于 1998 年 1 月 1 日之前创作的数据库作品。

2. 第二部分第六章的规定也适用于 1983 年 1 月 1 日至 1997 年 12 月 31 日制作的数据库。在这些情形中保护期限自 1998 年 1 月 1 日起算。

3. 第 55a 条与第 87e 条不适用于 1998 年 1 月 1 日之前签订的合同。

第 137h 条 转化欧洲经济共同体第 93/83 号指令时的过渡规则

1. 第 20a 条的规定直到 2000 年 1 月 1 日开始才适用于 1998 年 6 月 1 日之前签订的合同，但以合同在 2000 年 1 月 1 日之后期满为限。

2. 由其中至少一个制作者是属于欧盟成员国或《欧洲经济区协议》的成员国的多个制作者在 1998 年 6 月 1 日之前签订的关于共同制作录像或录音载体的合同，规定了广播权在制作者之间的区域划分，但没有根据卫星广播及其他广播类型进行区分，且由一个制作者对共同制作的产品进行卫星广播将损害其他制作者对其受区域或语言限制的排他权利的利用的，只有该排他权利的所有人同意进行卫星广播的制作者时，才准许进行卫星广播。

3. 只有关于授予有线继续广播权的合同是在 1998 年 6 月 1 日之后签订的，才适用第 20b 条第 2 款的规定。

第 137i 条 对《债法现代化法》的过渡规则

准用《民法典实施法》第 229 条第 6 款，但以适用至 2002 年 1 月 1 日的文本中的第 26 条第 7 款、第 36 条第 2 款及第 102 条与适用至 2002 年 1 月 1 日的文本中的《民法典》关于诉讼时效的规定等同为限。

第 137j 条　基于转化欧洲共同体第 2001/29 号指令的过渡规则

1. 第 95d 条第 1 款适用于所有自 2003 年 12 月 1 日之后新交易的作品及其他受保护对象。

2. 自 2003 年 9 月 13 日起适用的文本中的本法关于录音载体制作者的保护期限的规定也适用于在 2002 年 12 月 22 日保护尚未消灭的邻接权。

3. 录音载体之保护根据第 2 款重新开始的，重新开始的权利归录音载体制作者所有。

4. 2003 年 9 月 13 日之前授予或转让给第三人对根据本法仍然受保护的录音载体的使用权的，在根据第 85 条第 3 款延长保护期限的情形中该授予或转让有疑义时也延及保护期限所延长的期间。在第 1 句的情形中应支付合理的报酬。

第 137k 条　对为教学与研究目的的网络传播的过渡规则

第 52a 条随 2012 年 12 月 31 日届满而不再适用。

第 137l 条　对新的使用方式的过渡规则

1. 作者在 1966 年 1 月 1 日至 2008 年 1 月 1 日期间排他地及不受地域与时间限制地授予另一方合同当事人所有重要的使用权的，视为同样地授予另一方合同当事人在签订合同时尚为未知的使用权，但以作者未向另一方合同当事人就该使用提出异议为限。对于在 2008 年 1

月 1 日已知的使用方式，只能在 1 年之内提出异议。除此之外，在另一方合同当事人在其最近所知的通信地址之下向作者寄出打算采用作品新的使用方式的通知之后的 3 个月届满之后，异议权消灭。第 1 句至第 3 句不适用于在此期间作者已授予第三人的已知的使用权。

2. 另一方合同当事人将原本授予给他的使用权全部地转让给第三人的，第 1 款准用于该第三人。作者向其原来的合同当事人提出异议声明的，该合同当事人应不迟延地向作者提供关于第三人的所有必要情况。

3. 双方当事人就在此期间已知的使用方式达成具体协议的，第 1 款、第 2 款所规定的异议权消灭。

4. 多项作品或作品的多个部分被合并为一个在新的使用方式中仅使用全部作品或作品的多个部分才能合理地予以利用的整体的，作者不得违背诚实信用原则而行使异议权。

5. 另一方合同当事人根据第 1 款采用作品的在签订合同时尚为未知的新的使用方式的，作者享有支付单独的合理的报酬的请求权。准用第 32 条第 2 款、第 4 款。该请求权仅可通过集体管理组织主张。另一方合同当事人将使用权已让与第三人的，该第三人在采用作品新的使用方式时对支付报酬负责任。另一方合同当事人的责任消灭。

第三章　终结规定

第 138 条　匿名与假名作品的登记簿

1. 对于第 66 条第 2 款第 2 句所规定的登记，在专利局建立匿名与假名作品的登记簿。由专利局负责登记，但不审查申请人的权利或申请登记事实的准确性。

2. 拒绝登记的，申请人可请求法院裁判。由对专利局所在地❶有权管辖的州高等法院通过附具理由的裁定对请求作出裁判。请求应以书面形式向州高等法院递交。州高等法院的裁判是终局裁判。除此之外，对于法院程序准用《家庭案件与合意管辖事物程序法》的规定。对于法庭费用适用《费用条例》；根据《费用条例》第 131 条确定费用。

3. 在《联邦公告》公布该登记。申请人应事先缴纳公布费用。

4. 准许任何人查阅登记簿。依请求可从登记簿制作节录。

5. 授权联邦司法部，通过行政法规：

（1）颁布关于申请的形式与登记簿的管理的规定；

（2）命令为弥补行政费用而收取登记、制作登记证明、制作其他节录及其证明的费用（支出与垫付款）及制定关于费用缴纳债务人、费用的到期、费用预支义务、

---

❶　见第 65 页注释❸。

费用免除、时效、费用确定程序及针对费用确定的法律救助的规定。

6. 根据《1901 年 6 月 19 日文学与音乐作品著作权法》而在莱比锡市政厅所进行的登记继续有效。

第 139 条 《刑事诉讼法》的修改

（略）

第 140 条 《关于 1952 年 9 月 6 日签署的世界版权公约的法律》的修改

（略）

第 141 条 被取消的规定

（略）

第 142 条（已废除）

第 143 条 生效

1. 第 64～67 条、第 69 条、第 105 条第 1～3 款及第 138 条第 5 款于本法公布之后的日期生效❶。

2. 除此之外，本法于 1966 年 1 月 1 日生效。

附录（已废除）

---

❶ 本法于 1965 年 9 月 16 日公布。涉及权利保护期限的第 64～67 条、第 69 条、第 105 条第 1～3 款及第 138 条第 5 款于 1965 年 9 月 17 日生效。